传承美德

周永平 ⊙ 主编

中国商业出版社

图书在版编目（CIP）数据

传承美德 / 周永平主编. -- 北京：中国商业出版社, 2023.8
ISBN 978-7-5208-2650-1

Ⅰ. ①传… Ⅱ. ①周… Ⅲ. ①品德教育–中国–通俗读物 Ⅳ. ①D648-49

中国国家版本馆CIP数据核字（2023）第190516号

责任编辑：许启民
策划编辑：武维胜

中国商业出版社出版发行
（www.zgsycb.com　100053　北京广安门内报国寺1号）
总编室：010-63180647　编辑室：010-83128926
发行部：010-83120835/8286
新华书店经销
廊坊市海涛印刷有限公司印刷
*
710毫米×1000毫米　16开　19.25印张　240千字
2023年8月第1版　2023年8月第1次印刷
定价：168.00元
****

《传承美德》编委会

前言

文化是民族的血脉，是人民的精神家园。中华文化以其博大精深的理念、智慧、气度、神韵，时刻激发着中华儿女内心深处的民族自豪感与文化自信。文化自信是最基础、最广泛、最深厚的自信，是最基本、最持久的力量。

中华经典文化是中华文化的结晶，是全人类的瑰宝。中华经典文化以典籍为主要载体，包含诗文、音乐、绘画、雕塑、建筑、武术、戏曲等多种文化形式。传承美德不仅是对中华优秀传统文化的赓续和弘扬，更是每一位中华儿女须切身参与并奉献一己之力的伟大工程。

传承美德要以文化人，人是国之本，德是人之本，孝是德之本。践行传承美德活动对不同年龄层次的人均大有裨益，概而言之，幼儿可养性、童蒙可养正、少年可养志、成人可养德，与经典同行，实现“知”和“润”。所谓“知”即通晓传统美德的深刻内涵和重要意义；所谓“润”即通过日复一日地学习，使自己不断受到传统文化的润泽，进而让中华传统文化内化于心、外化于形。

“纸上得来终觉浅，绝知此事要躬行”，本书试图通过“六个一”，即每天写一段感恩条、每天朗读（写）一段经典、每天听一段讲座、每天反省一处过失、每天做一件善事、每天写一段心得体会，让读者进一步深化对经典文化的理解和体悟，以提升读者的心性和德性。

尽管作者竭尽所能把最好的内容呈现给读者，但书中难免有错谬之处，敬请广大读者赐教为盼。

编者

2016年10月

目录

传承美德活动的目的

中华传统美德既是中华民族独特的文化遗产，也是中国人民传承了几千年的精神财富。作为中国基本文化价值，中华传统美德包含了敬老爱幼、尊师重道、乐群互助、诚实守信、崇德向善等一系列文化内涵，这些美德既暗含着中华民族的伦理道德、礼仪文化和家国情怀，也体现了中国人民骨子里的共同价值观念和道德规范。

“国无德不兴，人无德不立。”对于国家和民族来说，传统美德熔铸了中华民族坚定的民族志向、高尚的民族品格和远大的民族理想，是建设富强、民主、文明、和谐、美丽的社会主义现代化强国的精神力量，是社会人际和谐、人民生活幸福的可靠保证。对个人修养来说，也是安身立命、提高个人修为的尺度标准。

传承美德活动的实施，能够帮助学生树立正确的人生观、价值观、道德观，确立人生志向，激发学习内动力；培养学生的协作精神和团队意识，增强学生的爱国意识与民族团结意识，激发学生团结互助，立志报国的热情；增强学生尊师孝亲的观念，正所谓“一日为师，终身为父”“百善孝为先”，引导学生孝顺父母、尊敬老师、友爱同学，礼貌待人；教会学生长善救失，培养仁爱之心。“人无礼则不生，事无礼则不成”“有礼走遍天下，无礼寸步难行”，对学生进行礼仪教育，能够提高学生的文明意识，形成良好的社会风尚，从而推动整个社会精神文明程度的提高。

传统美德代表了国家的文化和精神，承载着历史和文明的积淀，希望通过传承美德活动的实施，让每一位学生都能够受到传统文化的滋养和熏陶，都能够获得思想的启迪、情感的陶冶和精神的锤炼，使学生于潜移默化中修身养性，形成健康的人格并受益终身。

传承美德活动“六个一”

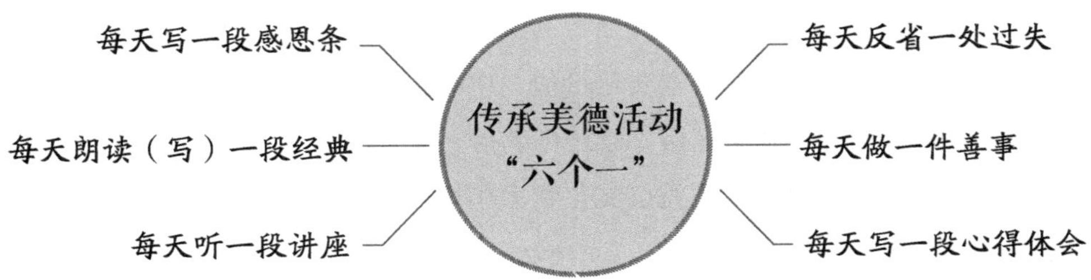

一、每天写一段感恩条

感恩父母，给予我们生命，养育我们长大；感恩师长，教授我们知识，照亮我们的人生旅途；感恩朋友，陪伴我们成长，留给我们欢笑和感动；感恩生活，磨炼我们的心志，让我们成为更好的自己；感恩世界，让我们在漫长的岁月里，不断诠释生命的美丽……

感恩，是一种思想，是一种行动，是一种美德，更是一种快乐。

二、每天朗读（写）一段经典

首先，坚持经典诵读能够优化我们的人格，使我们的身心健康愉悦；其次，诵读经典不仅可以提升记忆力，还可以强化专注力，培养思维能力，提高学习效率；再次，通过经典警句的积累，可以增强语言表达能力，提高日常交际能力和写作水平。

三、每天听一段讲座

开展讲座的人一般都是有学识、有眼光、有经验且值得我们学习的教师、学者、成功人士等，听讲座可以提高我们的创新思维，帮助我们开阔眼界、增长见识。高水平的、精彩的讲座不仅可以让我们受到文化的熏陶，还能让我们从中得到启悟、铸造心灵、塑造品格、启迪心智。

四、每天反省一处过失

《论语·学而篇》：“吾日三省吾身：为人谋而不忠乎？与朋友交而不信乎？传不习乎？”反省，不仅是一种思考，更是一种修炼，是自我提升的心理过程。每天进行自我反省并改过非常重要，如我们今天有没有让人感到不愉快？待人是否亲切或者傲慢？是否有卑怯的举止？是否有自私的言行？一次反省便是对我们灵魂和行为的剖析和检阅，不断地反省便是对自身陋习和人性中痼疾的不断抛弃。及时发现自己的不足并做出调整和改变，进而实现自我完善。

五、每天做一件善事

日行一善是一种行为准则和精神境界，我们应关心身边人的需求，积极参与社会公益事业，成为一个有爱心、有责任感的人，日行一善还需要我们不断地提升自己的心理素质和生活品质。我们应培养自己开朗乐观、勇敢担当、热情自信的积极心态，以增强我们的社会责任感和归属感，并以此建立起良好的人际关系。同时，我们还需要不断地提升自己的社会价值和认可度，让周围的人感受到我们的正能量，进而影响更多的人。

六、每天写一篇心得体会

通过每天的学习实践，相信我们都收获了属于自己的心得体会，那么就请抓紧用笔记录下来吧！写心得是对自己学习过程的一种总结和回顾，有助于我们的思维整理和知识积累。在学习或经历某个事物后，通过写心得体会可以帮助我们更好地理解和巩固所学知识，并清晰地认识到自己的收获和不足之处。

传承美德活动日志的指导及要求

一、感恩条的书写要求

一个人从呱呱坠地起，就沐浴着太多的恩情：父母的养育呵护，师长的传道授业，朋友的义气相投，邻里的真情帮扶，素昧平生者的无私援助，乃至大自然的阳光雨露、春华秋实。鸦有反哺之义，羊有跪乳之恩。人人都应当常怀感恩之心，感恩生育你的人，感恩抚养你的人，感恩教育你的人，感恩关怀你的人，感恩帮助你的人，感恩与你朝夕相处的人！

在书写感恩条时，字迹要清晰工整，文字间距适中，不宜随意涂改，保持书面整洁。此外，还须注意以下三点：

第一，要写清楚感恩的对象是谁并对感恩对象予以一定的赞扬。

第二，在写感恩的原因时，要说明由于何种缘故让你产生了感恩之情，并写明自己当时的心理感受，内容越详细越好。

第三，所写内容应真实可靠，不可虚构编造。

▶ 例一：我感恩我的妈妈，因为每天早上妈妈都不辞辛苦地早早起床，花很长时间为我准备既美味又有营养的早餐，让我每天都能够能量满满地去学校快乐地学习。妈妈在学习和生活方面给予了我很多的关心和鼓励，我爱我的妈妈。

▶ 例二：我感恩校园里的花草树木，它们枝叶繁茂、花团锦簇，正因为它们的点缀，让我们的校园更加生机勃勃。课间时分，我和同学们时常来到它们中间嬉戏玩耍，欢声笑语间，我们学习的疲劳逐渐消散。

二、感恩条的朗读要求

朗读感恩条时，要用普通话朗读，读准字音，不漏字、不添字、不错字、不破句，态度自然大方，语气顺畅，停顿合理，节奏恰当，能用抑扬顿挫的声调比较准确地表达自己的思想感情。

三、听讲座的要求

在日常的学习生活中，讲座已经成为传播文化知识的重要渠道。同是一场讲座，有的人收获满满，有的人却一无所获，什么都没记住。那么该如何听好一门讲座呢？

第一，要带着问题听。想想自己希望在讲座中学到什么，解决什么问题。

第二，做好笔记。“好记性不如烂笔头”，做笔记能让我们听得更加专心，还有利于以后回过头来学习。最好是聆听时，一边记录讲师的观点，一边写下自己的感受。

第三，要学会提问。要边听、边想、边写下自己的问题，便于与老师或家长等交流、请教。

第四，学会写体会和整理。通过笔记本的摘记，再次将所学的内容进行梳理并形成自己的想法和观点，这必然会让我们加深对讲座内容的理解和思考。

第五，要学以致用。学术讲座为我们提供了一个好的学习平台，我们应充分利用这一资源，努力提高自身综合素质，将讲座里所学知识学以致用。

四、如何反省自己的过失

人非圣贤，孰能无过。每个人都避免不了犯错误，反省是一面镜子，可以帮助我们找出自己的不足之处。

第一步，找出自己做得不好或不对的地方。

第二步，反省自己为什么做得不好或不对。

第三步，想想要如何改正，从中又得到了什么经验和教训。

五、如何做善事

我们在接受他人善意的同时，也应该向身边的人传达我们的善意。

我们希望看到别人对自己微笑，那么我们就应向他人致以真诚地微笑；我们希望得到别人的关心，那么我们就应去关心身边的人；我们希望在遇到困难时得到别人的帮助，那么我们就应在能力范围之内帮助那些遭遇困难的人；我们希望社会变得越来越好，那么我们就应尽可能多做对社会有益的事情……勿以善小而不为，积小善成大德，你我共同参与，小小的善举会像一条条微不足道的涓涓细流，终将汇成大江大河。

我们究竟可以做哪些善事呢？为此，我们编写了《每日一善100例》供大家参考，请大家赶快行动起来吧！愿我们每个人都能成为一盏可以照亮他人的明灯。

六、心得体会写作要求

写心得体会要注意语言表达准确、通顺、流畅，要能够深刻表达出自己的所思、所感、所学、所想。

▶ 例子：今天我观看了最美孝心少年——邵帅的感人事迹。邵帅是一名品学兼优、性格开朗、乐于助人、兴趣广泛的学生，他的学习成绩一直名列前茅。邵帅12岁时，他的母亲患上了白血病，生命堪忧，因此他不得不放弃学业去北京照顾病重的母亲，并且毅然做出为母亲捐献骨髓的决定。看到这，我感动得泪流满面，邵帅的孝心让我敬佩不已。百善孝为先，今后我一定要向邵帅同学学习，改掉任性的毛病，好好孝顺我的父母。

每日一善100例

一、对自己

1. 珍爱自己的生命，善待自己的身体。
2. 每天按时吃饭，不挑食，蔬菜、肉类、水果都要适当地吃。
3. 积极参与体育活动，保持身体强健。
4. 每天早睡早起，不要让被窝“偷走”自己的时间。
5. 远离香烟等有害身心健康的物品。
6. 懂得珍惜，不随意浪费。
7. 打听一些他人的愿望，偶尔给身边的人一些惊喜。
8. 答应别人的事，只要合理而且在能力范围之内，那就应该尽力做到。
9. 喂食流浪的小动物，偶尔做些放生的事。
10. 随时对身边的人报以微笑。

二、对亲人朋友

11. 像爱自己一样，爱自己的亲人和朋友。
12. 向曾经被自己伤害过的亲人或朋友道歉，请求他们的原谅。
13. 当亲人或朋友不开心的时候，给予一定的陪伴、安慰或鼓励。
14. 给很久没有见面的亲人或朋友打一个电话，询问他们的近况。
15. 爸爸妈妈忙碌了一天，给他们按按肩、捏捏腿。
16. 记住家人和朋友的生日，并在生日当天为他们精心准备一份礼物。
17. 有好的生活经验或小窍门，可以与亲人和朋友分享。
18. 看到精彩的电影、图片、文章等，与亲人和朋友一同分享。
19. 和朋友分享自己的零食、玩具、心得、经验、学习成果等。

20. 不经意间知道了朋友的秘密，一定不能轻易说出去。

21. 当亲人或朋友做了不好的事情时，一定要及时予以劝阻。

三、对家庭

22. 自己的东西自己收拾，不要轻易麻烦家人。

23. 定期打扫家里的卫生，保持家里干净整洁。

24. 给家里的植物修剪枝叶、松土、施肥。

25. 尽心照顾家里的宠物，不虐待它们。

26. 每天自主完成自己的学习任务，多协助父母做些力所能及的事情。

27. 给父母和长辈做一顿可口的饭菜。

28. 发挥自己的才能，给家里增添一些好看的装饰，比如图画、手工艺品等。

29. 当家人在休息时，轻声走动，小声说话，把电视的音量调低。

30. 当家人生病时，尽心照顾他们，处理好自己能够解决的事情。

31. 把零食、玩具等东西让给兄弟姐妹。

32. 早上起来，跟家人说早安；晚上睡觉前，和家人说晚安。

四、对学校及老师、同学

33. 像爱自己的家一样爱自己的学校。

34. 在课堂上认真听讲，尊重老师的付出。

35. 爱护桌椅，不在上面乱涂乱刻。

36. 帮助同学解决活动中的问题。

37. 帮助老师擦黑板，搬书或作业本。

38. 为教室的装饰贡献自己的力量，如黑板报、画画、手工等。

39. 旁边的同学上课走神时，提醒他集中注意力听课。

40. 到上课时间老师还没来，去办公室找老师。

41. 有同学因为生病缺了课，帮他补习知识。

42. 给教室里的盆栽浇水、松土。

43. 如果第一个到教室，打开门窗通风；如果最后一个离开教室，记得关闭门窗。

44. 在校园里看到垃圾，捡起来丢进垃圾桶。

45. 在路上碰到同学和老师，微笑着打招呼问好。

46. 有同学行动不方便时，在一旁帮忙搀扶。

47. 看到同学心情不好时，给他一句安慰、鼓励或者一个拥抱。

48. 把自己的文具、图书等分享给同学。

五、对社区

49. 积极参与社区的公益活动，贡献自己的一份力量。

50. 爱护小区的花草树木，不踩草坪，不折花和树枝。

51. 爱护小区环境，看到垃圾，捡起来放进垃圾桶里。

52. 在小区里发现不合规的小广告，帮忙清理干净。

53. 看到有人在小区干坏事，要及时通知保安或其他人。

54. 住在二楼或二楼以上，不把东西放在阳台边缘，防止坠落砸伤路人。

55. 发现楼栋里的消防设施有损坏，及时通知物业。

56. 在小区里遛宠物时，给宠物拴上绳子，防止它们咬伤他人。

57. 不要让宠物在小区里随地大小便，如果发生了，一定要清理干净。

六、对公共场所

58. 公共交通上为有需要的人（老人、孕妇、小朋友等）让座。

59. 捡起路上别人随手丢弃的垃圾，放进垃圾桶里。

60. 在公共场所不吃带有刺激性气味的食物。

61. 遇到向我们问路的人，耐心地为他们指路。

62. 下雨天遇到没打伞的路人，与他们共撑一把伞。

63. 扶行动不便的老人过马路。

64. 提醒在路边玩耍的小朋友注意安全。

65. 看到公告栏歪了，把它扶正。

66. 看到路上有障碍物，体积小的帮忙移开，体积大的请其他人帮忙。
67. 在路上看到没有盖的井，在旁边摆放醒目的标志物或寻求他人帮助。
68. 走路遇到有人提着很重的东西，要主动上前搭把手。
69. 看到别人鞋带松开时，及时提醒对方，以免对方踩到鞋带摔倒。
70. 看到别人掉了东西，要及时提醒。
71. 如果在路上捡到了东西，及时交给警察叔叔。
72. 看到环卫工人打扫卫生，跟他们道声“辛苦了”。
73. 看到有人在公众场合表演，要热情地为他们献上掌声。
74. 上下扶梯时，提醒旁边的人抓好扶手。
75. 在餐馆用餐时，降低说话的音量，不要影响别人。
76. 离开餐馆前，收拾好餐桌上的食物残渣，减少服务员的工作量。
77. 感冒期间，进入商城、医院等场合，要自觉佩戴口罩。
78. 想咳嗽时，把头转向没人的方向，用肘臂或纸巾捂住口鼻。

七、对社会公益

79. 将自己用不到的物品捐赠给有需要的人，如文具、玩具、衣物等。
80. 看到街边有人在做公益活动，如可能可以主动加入。
81. 和家人一起为灾区捐款或捐物。
82. 和家人一起去敬老院看望老人，帮忙打扫卫生，为他们表演节目。
83. 和家人一起看望留守儿童并力所能及地给予他们一些生活上的帮助。
84. 和家人一起去福利院看望那里的孩子们，并给他们讲故事。
85. 在路上遇到无家可归的人，伸出援手予以一定帮助。
86. 帮助行动不便的老人提东西。
87. 和家人朋友一起打扫公共区域的卫生。

八、对自然环保

88. 积极参加植树活动。
89. 去爬山或露营，离开前带走自己的垃圾。

90. 爱护环境卫生，和家人或朋友到大街上捡拾被丢弃的垃圾，并将垃圾进行分类投置。

91. 走路时遇到蚂蚁搬家，尽量避开不踩到。

92. 去动物园参观时，不乱给动物喂食。

93. 少用或不用塑料袋、一次性餐具等。

94. 随手关灯，节约用电。

95. 在天气不是太热的时候，尽量不开空调。

96. 去超市买东西，自带购物袋。

97. 随时关上水龙头，节约宝贵的水资源。

98. 试着改造家里的闲置或废弃物品，比如将纸箱做成收纳盒，将塑料瓶做成花瓶等。

99. 把自己不用的东西和别人交换，延长物品的使用寿命。

100. 参加环境保护的宣传活动，让更多人知道保护环境的意义。

礼仪是一门学问，更是一门艺术。孔子认为：“不学礼，无以立，礼之用，和为贵。先王之道，斯为美，大小由之，有所不行，知和而和，不以礼节之，亦不可行也。”礼乃中华民族之传统，讲究文明礼仪是做人之本。

“人无礼则不生，事无礼则不成。”生在礼仪之邦，我们要做一个彬彬有礼的人，有礼之人有人缘、多朋友，有礼之人会做事、气质佳、有教养、不树敌。要学习礼仪，就必须从身边点滴的小事做起，只有日积月累才能懂得真正的礼仪，进而去做与礼仪相关的方方面面的事。

一、站姿礼仪

女生站姿：抬头目视前方，面带微笑，自然平和，脚后跟并拢并呈丁字形。双手虎口相交，右手压在左手上，置于肚脐下横开三指处。

男生站姿：双手五指并拢，垂放于裤缝。站立时双脚可分开与肩同宽，腰直头正，挺胸收腹，身体放松而不僵硬，手臂自然下垂。

二、坐姿礼仪

女生坐姿：坐椅子的二分之一或三分之二处，两膝并拢，双腿正放或侧放，双脚平放或交叠，右手抓着左手，轻轻地放在左腿上。

男生坐姿：坐椅子二分之一或三分之一处，双腿微微分开，与肩等宽，脚尖朝前，双手五指并拢放置大腿上。

三、鞠躬礼仪

鞠躬时站直身子，双脚跟靠拢，脚尖微微分开。男生五指并拢，两手自然下垂；女生双手交叉放置于小腹处，同时目视对方。以腰为轴，缓缓向前下弯，直到腰、背、头与地平行，眼睛看向脚前大约 60 厘米处。起身后，与对方进行眼神交流。

四、读书、写字礼仪

读书、写字时须做到“五正”“五到”。

“五正”即心正、正身、椅正、桌正、正书。

“五到”即心到、眼到、口到、耳到、手到。

（一）正确的读书坐姿

头要正，背要直，两肩自然下垂。两脚自然放平、与肩同宽。做到胸部与桌沿保持约一拳的距离，两胳膊平放在桌面上，书本与身体呈45度角，眼睛与书本距离一尺，双手握住书本的左右边。

（二）正确地写字坐姿

头部端正，自然前倾，眼睛离桌面约一尺距离。坐稳身子，双肩放平，上身保持正直，略微向前倾，胸离桌子一拳头， 全身要放松、自然。两臂自然张开平放于桌面上，左手按纸，右手握笔，手指离笔尖一寸。两脚自然分开，距离与双肩基本同宽，稳踏地面。

传承美德活动之“五福”文化

中华民族是一个崇尚美好、和谐、善良的民族，我们不但习惯于为自己及家人祈福，也时常向亲人、朋友等表达自己的祝福，基于中华民族对于“福”字的理解和追求，形成了一种深入人心的文化——福文化。

相信同学们对“五福临门”这个成语非常熟悉，尤其在每年春节期间，家家户户都喜欢贴“五福临门”的春联，走亲访友互道祝福，期盼五种福气降临家门。在中国传统文化中，“五福”被认为是吉祥的象征，代表着人们对幸福和吉祥的追求。“五福”的概念最早可以追溯到中国古代，如今仍然深深扎根于我们中国人的心中。那么，“五福临门”中的“五福”究竟是哪五福呢？《尚书·洪范》载：“五福：一曰寿，二曰富，三曰康宁，四曰修好德，五曰考终命。”“五福”即为长寿、富贵、康宁、好德、善终。

长寿：命不夭折且福寿绵长。

富贵：钱财富足且地位尊贵。

康宁：身体健康且心灵安宁。

好德：生性仁善且宽厚宁静。

善终：预感终命且无遭横祸。

“五福”在中国传统文化中有着非常重要的地位和意义，它们不仅是人们对幸福和吉祥的追求，也是个人修养和社会和谐的基石。通过了解“五福”的含义和特点，我们可以更好地了解中国传统文化中的思想和价值观，并在日常生活中更好地实现自我的价值追求。

传承美德
活动日志

1.每天写一段感恩条：
我感恩（父母、长辈、领导、老师、农民、工人等）：
因为：
我要衷心地赞扬并感恩：
因为：
我很知足并珍惜所拥有的幸福，我感恩：
因为：
2.每天朗读（写）一段经典：
3.每天听一段讲座：
4.每天反省一处过失：
5.每天做一件善事：
6.每天写一段心得体会：

星期____第____天　　　　传承人签名：____________

天气：__________　　　　______年______月______日

1.每天写一段感恩条：
我感恩（父母、长辈、领导、老师、农民、工人等）：
因为：
我要衷心地赞扬并感恩：
因为：
我很知足并珍惜所拥有的幸福，我感恩：
因为：
2.每天朗读（写）一段经典：
3.每天听一段讲座：
4.每天反省一处过失：
5.每天做一件善事：
6.每天写一段心得体会：

星期____第____天　　　　传承人签名：____________

天气：__________　　　　______年______月______日

1.每天写一段感恩条：
我感恩（父母、长辈、领导、老师、农民、工人等）：
因为：
我要衷心地赞扬并感恩：
因为：
我很知足并珍惜所拥有的幸福，我感恩：
因为：
2.每天朗读（写）一段经典：
3.每天听一段讲座：
4.每天反省一处过失：
5.每天做一件善事：
6.每天写一段心得体会：

星期____第____天　　　　传承人签名：__________

天气：__________　　　　______年______月______日

1.每天写一段感恩条：
我感恩（父母、长辈、领导、老师、农民、工人等）：
因为：
我要衷心地赞扬并感恩：
因为：
我很知足并珍惜所拥有的幸福，我感恩：
因为：
2.每天朗读（写）一段经典：
3.每天听一段讲座：
4.每天反省一处过失：
5.每天做一件善事：
6.每天写一段心得体会：

星期____第____天　　　　传承人签名：__________

天气：________　　　　______年______月______日

1.每天写一段感恩条：
我感恩（父母、长辈、领导、老师、农民、工人等）：
因为：
我要衷心地赞扬并感恩：
因为：
我很知足并珍惜所拥有的幸福，我感恩：
因为：
2.每天朗读（写）一段经典：
3.每天听一段讲座：
4.每天反省一处过失：
5.每天做一件善事：
6.每天写一段心得体会：

星期____第____天　　　　传承人签名：____________

天气：__________　　　　______年______月______日

1.每天写一段感恩条：
我感恩（父母、长辈、领导、老师、农民、工人等）：
因为：
我要衷心地赞扬并感恩：
因为：
我很知足并珍惜所拥有的幸福，我感恩：
因为：
2.每天朗读（写）一段经典：
3.每天听一段讲座：
4.每天反省一处过失：
5.每天做一件善事：
6.每天写一段心得体会：

星期____第____天　　　　传承人签名：__________

天气：________　　　　______年______月______日

1.每天写一段感恩条：
我感恩（父母、长辈、领导、老师、农民、工人等）：
因为：
我要衷心地赞扬并感恩：
因为：
我很知足并珍惜所拥有的幸福，我感恩：
因为：
2.每天朗读（写）一段经典：
3.每天听一段讲座：
4.每天反省一处过失：
5.每天做一件善事：
6.每天写一段心得体会：

星期____第____天　　　　传承人签名：__________

天气：________　　　　______年______月______日

1.每天写一段感恩条：
我感恩（父母、长辈、领导、老师、农民、工人等）：
因为：
我要衷心地赞扬并感恩：
因为：
我很知足并珍惜所拥有的幸福，我感恩：
因为：
2.每天朗读（写）一段经典：
3.每天听一段讲座：
4.每天反省一处过失：
5.每天做一件善事：
6.每天写一段心得体会：

星期____第____天　　传承人签名：____________

天气：__________　　______年______月______日

1.每天写一段感恩条：
我感恩（父母、长辈、领导、老师、农民、工人等）：
因为：
我要衷心地赞扬并感恩：
因为：
我很知足并珍惜所拥有的幸福，我感恩：
因为：
2.每天朗读（写）一段经典：
3.每天听一段讲座：
4.每天反省一处过失：
5.每天做一件善事：
6.每天写一段心得体会：

星期____第____天　　传承人签名：____________

天气：_________　　______年______月______日

1.每天写一段感恩条：
我感恩（父母、长辈、领导、老师、农民、工人等）：
因为：
我要衷心地赞扬并感恩：
因为：
我很知足并珍惜所拥有的幸福，我感恩：
因为：
2.每天朗读（写）一段经典：
3.每天听一段讲座：
4.每天反省一处过失：
5.每天做一件善事：
6.每天写一段心得体会：

星期____第____天　　　　传承人签名：__________

天气：________　　　　______年______月______日

1.每天写一段感恩条：
我感恩（父母、长辈、领导、老师、农民、工人等）：
因为：
我要衷心地赞扬并感恩：
因为：
我很知足并珍惜所拥有的幸福，我感恩：
因为：
2.每天朗读（写）一段经典：
3.每天听一段讲座：
4.每天反省一处过失：
5.每天做一件善事：
6.每天写一段心得体会：

星期____第____天　　　　传承人签名：__________

天气：________　　　　______年______月______日

1.每天写一段感恩条：
我感恩（父母、长辈、领导、老师、农民、工人等）：
因为：
我要衷心地赞扬并感恩：
因为：
我很知足并珍惜所拥有的幸福，我感恩：
因为：
2.每天朗读（写）一段经典：
3.每天听一段讲座：
4.每天反省一处过失：
5.每天做一件善事：
6.每天写一段心得体会：

星期____第____天　　　　　　　　传承人签名：__________

天气：__________　　　　　　　　______年______月______日

1.每天写一段感恩条：
我感恩（父母、长辈、领导、老师、农民、工人等）：
因为：
我要衷心地赞扬并感恩：
因为：
我很知足并珍惜所拥有的幸福，我感恩：
因为：
2.每天朗读（写）一段经典：
3.每天听一段讲座：
4.每天反省一处过失：
5.每天做一件善事：
6.每天写一段心得体会：

星期____第____天　　　　传承人签名：____________

天气：_________　　　　______年______月______日

1.每天写一段感恩条：
我感恩（父母、长辈、领导、老师、农民、工人等）：
因为：
我要衷心地赞扬并感恩：
因为：
我很知足并珍惜所拥有的幸福，我感恩：
因为：
2.每天朗读（写）一段经典：
3.每天听一段讲座：
4.每天反省一处过失：
5.每天做一件善事：
6.每天写一段心得体会：

星期____第____天　　　　传承人签名：____________

天气：__________　　　　______年______月______日

1.每天写一段感恩条：
我感恩（父母、长辈、领导、老师、农民、工人等）：
因为：
我要衷心地赞扬并感恩：
因为：
我很知足并珍惜所拥有的幸福，我感恩：
因为：
2.每天朗读（写）一段经典：
3.每天听一段讲座：
4.每天反省一处过失：
5.每天做一件善事：
6.每天写一段心得体会：

星期____第____天　　　　传承人签名：__________

天气：__________　　　　______年______月______日

1.每天写一段感恩条：
我感恩（父母、长辈、领导、老师、农民、工人等）：
因为：
我要衷心地赞扬并感恩：
因为：
我很知足并珍惜所拥有的幸福，我感恩：
因为：
2.每天朗读（写）一段经典：
3.每天听一段讲座：
4.每天反省一处过失：
5.每天做一件善事：
6.每天写一段心得体会：

星期____第____天　　　　传承人签名：____________

天气：__________　　　　______年______月______日

1.每天写一段感恩条：
我感恩（父母、长辈、领导、老师、农民、工人等）：
因为：
我要衷心地赞扬并感恩：
因为：
我很知足并珍惜所拥有的幸福，我感恩：
因为：
2.每天朗读（写）一段经典：
3.每天听一段讲座：
4.每天反省一处过失：
5.每天做一件善事：
6.每天写一段心得体会：

星期____第____天　　　　传承人签名：__________

天气：________　　　　______年______月______日

1.每天写一段感恩条：
我感恩（父母、长辈、领导、老师、农民、工人等）：
因为：
我要衷心地赞扬并感恩：
因为：
我很知足并珍惜所拥有的幸福，我感恩：
因为：
2.每天朗读（写）一段经典：
3.每天听一段讲座：
4.每天反省一处过失：
5.每天做一件善事：
6.每天写一段心得体会：

星期____第____天　　　　传承人签名：____________

天气：__________　　　　______年______月______日

1.每天写一段感恩条：
我感恩（父母、长辈、领导、老师、农民、工人等）：
因为：
我要衷心地赞扬并感恩：
因为：
我很知足并珍惜所拥有的幸福，我感恩：
因为：
2.每天朗读（写）一段经典：
3.每天听一段讲座：
4.每天反省一处过失：
5.每天做一件善事：
6.每天写一段心得体会：

星期____第____天　　　　传承人签名：____________

天气：__________　　　　______年______月______日

1.每天写一段感恩条：
我感恩（父母、长辈、领导、老师、农民、工人等）：
因为：
我要衷心地赞扬并感恩：
因为：
我很知足并珍惜所拥有的幸福，我感恩：
因为：
2.每天朗读（写）一段经典：
3.每天听一段讲座：
4.每天反省一处过失：
5.每天做一件善事：
6.每天写一段心得体会：

星期____第____天　　　　　　　　　　　　传承人签名：____________

天气：__________　　　　　　　　　　　　______年______月______日

1.每天写一段感恩条：
我感恩（父母、长辈、领导、老师、农民、工人等）：
因为：
我要衷心地赞扬并感恩：
因为：
我很知足并珍惜所拥有的幸福，我感恩：
因为：
2.每天朗读（写）一段经典：
3.每天听一段讲座：
4.每天反省一处过失：
5.每天做一件善事：
6.每天写一段心得体会：

星期____第____天　　　　传承人签名：__________

天气：________　　　　______年______月______日

1.每天写一段感恩条：
我感恩（父母、长辈、领导、老师、农民、工人等）：
因为：
我要衷心地赞扬并感恩：
因为：
我很知足并珍惜所拥有的幸福，我感恩：
因为：
2.每天朗读（写）一段经典：
3.每天听一段讲座：
4.每天反省一处过失：
5.每天做一件善事：
6.每天写一段心得体会：

星期____第____天　　　　传承人签名：____________

天气：__________　　　　______年______月______日

1.每天写一段感恩条：
我感恩（父母、长辈、领导、老师、农民、工人等）：
因为：
我要衷心地赞扬并感恩：
因为：
我很知足并珍惜所拥有的幸福，我感恩：
因为：
2.每天朗读（写）一段经典：
3.每天听一段讲座：
4.每天反省一处过失：
5.每天做一件善事：
6.每天写一段心得体会：

星期____第____天　　　　传承人签名：____________

天气：__________　　　　______年______月______日

1.每天写一段感恩条：
我感恩（父母、长辈、领导、老师、农民、工人等）：
因为：
我要衷心地赞扬并感恩：
因为：
我很知足并珍惜所拥有的幸福，我感恩：
因为：
2.每天朗读（写）一段经典：
3.每天听一段讲座：
4.每天反省一处过失：
5.每天做一件善事：
6.每天写一段心得体会：

星期____第____天　　　　传承人签名：__________

天气：__________　　　　______年______月______日

1.每天写一段感恩条：
我感恩（父母、长辈、领导、老师、农民、工人等）：
因为：
我要衷心地赞扬并感恩：
因为：
我很知足并珍惜所拥有的幸福，我感恩：
因为：
2.每天朗读（写）一段经典：
3.每天听一段讲座：
4.每天反省一处过失：
5.每天做一件善事：
6.每天写一段心得体会：

星期____第____天　　　　传承人签名：____________

天气：__________　　　　______年______月______日

1.每天写一段感恩条：
我感恩（父母、长辈、领导、老师、农民、工人等）：
因为：
我要衷心地赞扬并感恩：
因为：
我很知足并珍惜所拥有的幸福，我感恩：
因为：
2.每天朗读（写）一段经典：
3.每天听一段讲座：
4.每天反省一处过失：
5.每天做一件善事：
6.每天写一段心得体会：

星期____第____天　　　　传承人签名：__________

天气：__________　　　　______年______月______日

1.每天写一段感恩条：
我感恩（父母、长辈、领导、老师、农民、工人等）：
因为：
我要衷心地赞扬并感恩：
因为：
我很知足并珍惜所拥有的幸福，我感恩：
因为：
2.每天朗读（写）一段经典：
3.每天听一段讲座：
4.每天反省一处过失：
5.每天做一件善事：
6.每天写一段心得体会：

星期____第____天　　　　传承人签名：__________

天气：________　　　　______年______月______日

1.每天写一段感恩条：
我感恩（父母、长辈、领导、老师、农民、工人等）：
因为：
我要衷心地赞扬并感恩：
因为：
我很知足并珍惜所拥有的幸福，我感恩：
因为：
2.每天朗读（写）一段经典：
3.每天听一段讲座：
4.每天反省一处过失：
5.每天做一件善事：
6.每天写一段心得体会：

星期____第____天　　　　传承人签名：____________

天气：__________　　　　______年______月______日

1.每天写一段感恩条：
我感恩（父母、长辈、领导、老师、农民、工人等）：
因为：
我要衷心地赞扬并感恩：
因为：
我很知足并珍惜所拥有的幸福，我感恩：
因为：
2.每天朗读（写）一段经典：
3.每天听一段讲座：
4.每天反省一处过失：
5.每天做一件善事：
6.每天写一段心得体会：

星期____第____天　　　　传承人签名：____________

天气：__________　　　　______年______月______日

1.每天写一段感恩条：
我感恩（父母、长辈、领导、老师、农民、工人等）：
因为：
我要衷心地赞扬并感恩：
因为：
我很知足并珍惜所拥有的幸福，我感恩：
因为：
2.每天朗读（写）一段经典：
3.每天听一段讲座：
4.每天反省一处过失：
5.每天做一件善事：
6.每天写一段心得体会：

星期____第____天　　传承人签名：__________

天气：__________　　______年______月______日

1.每天写一段感恩条：
我感恩（父母、长辈、领导、老师、农民、工人等）：
因为：
我要衷心地赞扬并感恩：
因为：
我很知足并珍惜所拥有的幸福，我感恩：
因为：
2.每天朗读（写）一段经典：
3.每天听一段讲座：
4.每天反省一处过失：
5.每天做一件善事：
6.每天写一段心得体会：

星期____第____天　　　　传承人签名：__________

天气：________　　　　______年______月______日

1.每天写一段感恩条：
我感恩（父母、长辈、领导、老师、农民、工人等）：
因为：
我要衷心地赞扬并感恩：
因为：
我很知足并珍惜所拥有的幸福，我感恩：
因为：
2.每天朗读（写）一段经典：
3.每天听一段讲座：
4.每天反省一处过失：
5.每天做一件善事：
6.每天写一段心得体会：

星期____第____天　　　　传承人签名：____________

天气：__________　　　　______年______月______日

1.每天写一段感恩条：
我感恩（父母、长辈、领导、老师、农民、工人等）：
因为：
我要衷心地赞扬并感恩：
因为：
我很知足并珍惜所拥有的幸福，我感恩：
因为：
2.每天朗读（写）一段经典：
3.每天听一段讲座：
4.每天反省一处过失：
5.每天做一件善事：
6.每天写一段心得体会：

星期____第____天　　　　传承人签名：__________

天气：________　　　　______年______月______日

1.每天写一段感恩条：
我感恩（父母、长辈、领导、老师、农民、工人等）：
因为：
我要衷心地赞扬并感恩：
因为：
我很知足并珍惜所拥有的幸福，我感恩：
因为：
2.每天朗读（写）一段经典：
3.每天听一段讲座：
4.每天反省一处过失：
5.每天做一件善事：
6.每天写一段心得体会：

星期____第____天　　　　传承人签名：______________

天气：__________　　　　______年______月______日

1.每天写一段感恩条：
我感恩（父母、长辈、领导、老师、农民、工人等）：
因为：
我要衷心地赞扬并感恩：
因为：
我很知足并珍惜所拥有的幸福，我感恩：
因为：
2.每天朗读（写）一段经典：
3.每天听一段讲座：
4.每天反省一处过失：
5.每天做一件善事：
6.每天写一段心得体会：

星期____第____天　　　　传承人签名：__________

天气：__________　　　　______年______月______日

1.每天写一段感恩条：
我感恩（父母、长辈、领导、老师、农民、工人等）：
因为：
我要衷心地赞扬并感恩：
因为：
我很知足并珍惜所拥有的幸福，我感恩：
因为：
2.每天朗读（写）一段经典：
3.每天听一段讲座：
4.每天反省一处过失：
5.每天做一件善事：
6.每天写一段心得体会：

星期____第____天　　　　传承人签名：__________

天气：________　　　　______年______月______日

1.每天写一段感恩条：
我感恩（父母、长辈、领导、老师、农民、工人等）：
因为：
我要衷心地赞扬并感恩：
因为：
我很知足并珍惜所拥有的幸福，我感恩：
因为：
2.每天朗读（写）一段经典：
3.每天听一段讲座：
4.每天反省一处过失：
5.每天做一件善事：
6.每天写一段心得体会：

星期____第____天　　　　传承人签名：__________

天气：________　　　　______年______月______日

1.每天写一段感恩条：
我感恩（父母、长辈、领导、老师、农民、工人等）：
因为：
我要衷心地赞扬并感恩：
因为：
我很知足并珍惜所拥有的幸福，我感恩：
因为：
2.每天朗读（写）一段经典：
3.每天听一段讲座：
4.每天反省一处过失：
5.每天做一件善事：
6.每天写一段心得体会：

星期____第____天　　　　传承人签名：____________

天气：__________　　　　______年______月______日

1.每天写一段感恩条：
我感恩（父母、长辈、领导、老师、农民、工人等）：
因为：
我要衷心地赞扬并感恩：
因为：
我很知足并珍惜所拥有的幸福，我感恩：
因为：
2.每天朗读（写）一段经典：
3.每天听一段讲座：
4.每天反省一处过失：
5.每天做一件善事：
6.每天写一段心得体会：

星期____第____天　　　　传承人签名：__________

天气：________　　　　______年______月______日

1.每天写一段感恩条：
我感恩（父母、长辈、领导、老师、农民、工人等）：
因为：
我要衷心地赞扬并感恩：
因为：
我很知足并珍惜所拥有的幸福，我感恩：
因为：
2.每天朗读（写）一段经典：
3.每天听一段讲座：
4.每天反省一处过失：
5.每天做一件善事：
6.每天写一段心得体会：

星期____第____天　　　　　　传承人签名：________

天气：________　　　　　　______年______月______日

1.每天写一段感恩条：
我感恩（父母、长辈、领导、老师、农民、工人等）：
因为：
我要衷心地赞扬并感恩：
因为：
我很知足并珍惜所拥有的幸福，我感恩：
因为：
2.每天朗读（写）一段经典：
3.每天听一段讲座：
4.每天反省一处过失：
5.每天做一件善事：
6.每天写一段心得体会：

星期____第____天　　　　传承人签名：__________

天气：________　　　　______年______月______日

1.每天写一段感恩条：
我感恩（父母、长辈、领导、老师、农民、工人等）：
因为：
我要衷心地赞扬并感恩：
因为：
我很知足并珍惜所拥有的幸福，我感恩：
因为：
2.每天朗读（写）一段经典：
3.每天听一段讲座：
4.每天反省一处过失：
5.每天做一件善事：
6.每天写一段心得体会：

星期____第____天　　　　　　　　传承人签名：__________

天气：__________　　　　　　　　______年______月______日

1.每天写一段感恩条：
我感恩（父母、长辈、领导、老师、农民、工人等）：
因为：
我要衷心地赞扬并感恩：
因为：
我很知足并珍惜所拥有的幸福，我感恩：
因为：
2.每天朗读（写）一段经典：
3.每天听一段讲座：
4.每天反省一处过失：
5.每天做一件善事：
6.每天写一段心得体会：

星期____第____天　　　　传承人签名：__________

天气：__________　　　　______年______月______日

1.每天写一段感恩条：
我感恩（父母、长辈、领导、老师、农民、工人等）：
因为：
我要衷心地赞扬并感恩：
因为：
我很知足并珍惜所拥有的幸福，我感恩：
因为：
2.每天朗读（写）一段经典：
3.每天听一段讲座：
4.每天反省一处过失：
5.每天做一件善事：
6.每天写一段心得体会：

星期____第____天　　　　传承人签名：__________

天气：__________　　　　______年______月______日

1.每天写一段感恩条：
我感恩（父母、长辈、领导、老师、农民、工人等）：
因为：
我要衷心地赞扬并感恩：
因为：
我很知足并珍惜所拥有的幸福，我感恩：
因为：
2.每天朗读（写）一段经典：
3.每天听一段讲座：
4.每天反省一处过失：
5.每天做一件善事：
6.每天写一段心得体会：

星期____第____天　　　　传承人签名：____________

天气：_________　　　　______年______月______日

1.每天写一段感恩条：
我感恩（父母、长辈、领导、老师、农民、工人等）：
因为：
我要衷心地赞扬并感恩：
因为：
我很知足并珍惜所拥有的幸福，我感恩：
因为：
2.每天朗读（写）一段经典：
3.每天听一段讲座：
4.每天反省一处过失：
5.每天做一件善事：
6.每天写一段心得体会：

星期____第____天　　　　传承人签名：____________

天气：__________　　　　______年______月______日

1.每天写一段感恩条：
我感恩（父母、长辈、领导、老师、农民、工人等）：
因为：
我要衷心地赞扬并感恩：
因为：
我很知足并珍惜所拥有的幸福，我感恩：
因为：
2.每天朗读（写）一段经典：
3.每天听一段讲座：
4.每天反省一处过失：
5.每天做一件善事：
6.每天写一段心得体会：

星期____第____天　　　　传承人签名：____________

天气：________　　　　______年______月______日

1.每天写一段感恩条：
我感恩（父母、长辈、领导、老师、农民、工人等）：
因为：
我要衷心地赞扬并感恩：
因为：
我很知足并珍惜所拥有的幸福，我感恩：
因为：
2.每天朗读（写）一段经典：
3.每天听一段讲座：
4.每天反省一处过失：
5.每天做一件善事：
6.每天写一段心得体会：

星期____第____天　　　　传承人签名：____________

天气：__________　　　　______年______月______日

1.每天写一段感恩条：
我感恩（父母、长辈、领导、老师、农民、工人等）：
因为：
我要衷心地赞扬并感恩：
因为：
我很知足并珍惜所拥有的幸福，我感恩：
因为：
2.每天朗读（写）一段经典：
3.每天听一段讲座：
4.每天反省一处过失：
5.每天做一件善事：
6.每天写一段心得体会：

星期____第____天　　　　传承人签名：____________

天气：_________　　　　______年______月______日

1.每天写一段感恩条：
我感恩（父母、长辈、领导、老师、农民、工人等）：
因为：
我要衷心地赞扬并感恩：
因为：
我很知足并珍惜所拥有的幸福，我感恩：
因为：
2.每天朗读（写）一段经典：
3.每天听一段讲座：
4.每天反省一处过失：
5.每天做一件善事：
6.每天写一段心得体会：

星期____第____天　　　　传承人签名：____________

天气：__________　　　　______年______月______日

1.每天写一段感恩条：
我感恩（父母、长辈、领导、老师、农民、工人等）：
因为：
我要衷心地赞扬并感恩：
因为：
我很知足并珍惜所拥有的幸福，我感恩：
因为：
2.每天朗读（写）一段经典：
3.每天听一段讲座：
4.每天反省一处过失：
5.每天做一件善事：
6.每天写一段心得体会：

星期____第____天　　　　传承人签名：__________

天气：________　　　　______年______月______日

1.每天写一段感恩条：
我感恩（父母、长辈、领导、老师、农民、工人等）：
因为：
我要衷心地赞扬并感恩：
因为：
我很知足并珍惜所拥有的幸福，我感恩：
因为：
2.每天朗读（写）一段经典：
3.每天听一段讲座：
4.每天反省一处过失：
5.每天做一件善事：
6.每天写一段心得体会：

星期____第____天　　　　传承人签名：____________

天气：__________　　　　______年______月______日

1.每天写一段感恩条：
我感恩（父母、长辈、领导、老师、农民、工人等）：
因为：
我要衷心地赞扬并感恩：
因为：
我很知足并珍惜所拥有的幸福，我感恩：
因为：
2.每天朗读（写）一段经典：
3.每天听一段讲座：
4.每天反省一处过失：
5.每天做一件善事：
6.每天写一段心得体会：

星期____第____天　　　　传承人签名：__________

天气：__________　　　　______年______月______日

1.每天写一段感恩条：
我感恩（父母、长辈、领导、老师、农民、工人等）：
因为：
我要衷心地赞扬并感恩：
因为：
我很知足并珍惜所拥有的幸福，我感恩：
因为：
2.每天朗读（写）一段经典：
3.每天听一段讲座：
4.每天反省一处过失：
5.每天做一件善事：
6.每天写一段心得体会：

星期____第____天　　　　传承人签名：__________

天气：__________　　　　______年______月______日

1.每天写一段感恩条：
我感恩（父母、长辈、领导、老师、农民、工人等）：
因为：
我要衷心地赞扬并感恩：
因为：
我很知足并珍惜所拥有的幸福，我感恩：
因为：
2.每天朗读（写）一段经典：
3.每天听一段讲座：
4.每天反省一处过失：
5.每天做一件善事：
6.每天写一段心得体会：

星期____第____天　　　　传承人签名：____________

天气：_________　　　　______年______月______日

1.每天写一段感恩条：
我感恩（父母、长辈、领导、老师、农民、工人等）：
因为：
我要衷心地赞扬并感恩：
因为：
我很知足并珍惜所拥有的幸福，我感恩：
因为：
2.每天朗读（写）一段经典：
3.每天听一段讲座：
4.每天反省一处过失：
5.每天做一件善事：
6.每天写一段心得体会：

星期____第____天　　　　传承人签名：____________

天气：__________　　　　______年______月______日

1.每天写一段感恩条：
我感恩（父母、长辈、领导、老师、农民、工人等）：
因为：
我要衷心地赞扬并感恩：
因为：
我很知足并珍惜所拥有的幸福，我感恩：
因为：
2.每天朗读（写）一段经典：
3.每天听一段讲座：
4.每天反省一处过失：
5.每天做一件善事：
6.每天写一段心得体会：

星期____第____天　　　　传承人签名：__________

天气：________　　　　______年______月______日

1.每天写一段感恩条：
我感恩（父母、长辈、领导、老师、农民、工人等）：
因为：
我要衷心地赞扬并感恩：
因为：
我很知足并珍惜所拥有的幸福，我感恩：
因为：
2.每天朗读（写）一段经典：
3.每天听一段讲座：
4.每天反省一处过失：
5.每天做一件善事：
6.每天写一段心得体会：

星期____第____天　　　　传承人签名：__________

天气：________　　　　______年______月______日

1.每天写一段感恩条：
我感恩（父母、长辈、领导、老师、农民、工人等）：
因为：
我要衷心地赞扬并感恩：
因为：
我很知足并珍惜所拥有的幸福，我感恩：
因为：
2.每天朗读（写）一段经典：
3.每天听一段讲座：
4.每天反省一处过失：
5.每天做一件善事：
6.每天写一段心得体会：

星期____第____天　　　　　　传承人签名：____________

天气：__________　　　　　　______年______月______日

1.每天写一段感恩条：
我感恩（父母、长辈、领导、老师、农民、工人等）：
因为：
我要衷心地赞扬并感恩：
因为：
我很知足并珍惜所拥有的幸福，我感恩：
因为：
2.每天朗读（写）一段经典：
3.每天听一段讲座：
4.每天反省一处过失：
5.每天做一件善事：
6.每天写一段心得体会：

星期____第____天　　　　传承人签名：____________

天气：__________　　　　______年______月______日

《弟子规》

1.每天朗读并抄写一段经典：

弟子规，圣人训。首孝悌，次谨信。
泛爱众，而亲仁。有余力，则学文。

请抄写：

2.每天书写并朗读感恩条：

我感恩（父母、长辈、领导、老师、农民、工人等）： 因为：

我要衷心地赞扬并感恩： 因为：

我很知足并珍惜所拥有的幸福，我感恩： 因为：

3.每天听一段讲座：

4.每天反省一处过失：

5.每天做一件善事：

6.每天写一段心得体会：

星期____第____天 传承人签名：____________

天气：__________ ______年______月______日

1.每天朗读并抄写一段经典：	
父母呼，应勿缓。父母命，行勿懒。 父母教，须敬听。父母责，须顺承。	
请抄写：________	
2.每天书写并朗读感恩条：	
我感恩（父母、长辈、领导、老师、农民、工人等）：	因为：
我要衷心地赞扬并感恩：	因为：
我很知足并珍惜所拥有的幸福，我感恩：	因为：
3.每天听一段讲座：	
4.每天反省一处过失：	
5.每天做一件善事：	
6.每天写一段心得体会：	

星期____第____天　　　　传承人签名：__________

天气：__________　　　　______年______月______日

1.每天朗读并抄写一段经典：

冬则温，夏则清。晨则省，昏则定。
出必告，反必面。居有常，业无变。

请抄写：

2.每天书写并朗读感恩条：

我感恩（父母、长辈、领导、老师、农民、工人等）： 因为：

我要衷心地赞扬并感恩： 因为：

我很知足并珍惜所拥有的幸福，我感恩： 因为：

3.每天听一段讲座：

4.每天反省一处过失：

5.每天做一件善事：

6.每天写一段心得体会：

星期____第____天 传承人签名：________

天气：________ ______年______月______日

1.每天朗读并抄写一段经典：
事虽小，勿擅为。苟擅为，子道亏。 物虽小，勿私藏。苟私藏，亲心伤。 请抄写：
2.每天书写并朗读感恩条：
我感恩（父母、长辈、领导、老师、农民、工人等）：　　　因为：
我要衷心地赞扬并感恩：　　　因为：
我很知足并珍惜所拥有的幸福，我感恩：　　　因为：
3.每天听一段讲座：
4.每天反省一处过失：
5.每天做一件善事：
6.每天写一段心得体会：

星期____第____天　　　　传承人签名：__________

天气：__________　　　　______年______月______日

1.每天朗读并抄写一段经典：

亲所好，力为具。亲所恶，谨为去。
身有伤，贻亲忧。德有伤，贻亲羞。

请抄写：

2.每天书写并朗读感恩条：

我感恩（父母、长辈、领导、老师、农民、工人等）： 因为：

我要衷心地赞扬并感恩： 因为：

我很知足并珍惜所拥有的幸福，我感恩： 因为：

3.每天听一段讲座：

4.每天反省一处过失：

5.每天做一件善事：

6.每天写一段心得体会：

星期____第____天 传承人签名：____________

天气：__________ ______年______月______日

1.每天朗读并抄写一段经典：

亲爱我，孝何难。亲憎我，孝方贤。
亲有过，谏使更。怡吾色，柔吾声。

请抄写：

2.每天书写并朗读感恩条：

我感恩（父母、长辈、领导、老师、农民、工人等）： 因为：

我要衷心地赞扬并感恩： 因为：

我很知足并珍惜所拥有的幸福，我感恩： 因为：

3.每天听一段讲座：

4.每天反省一处过失：

5.每天做一件善事：

6.每天写一段心得体会：

星期____第____天　　传承人签名：____________

天气：__________　　______年______月______日

1.每天朗读并抄写一段经典：

谏不入，悦复谏。号泣随，挞无怨。
亲有疾，药先尝。昼夜侍，不离床。

请抄写：

2.每天书写并朗读感恩条：

我感恩（父母、长辈、领导、老师、农民、工人等）： 因为：

我要衷心地赞扬并感恩： 因为：

我很知足并珍惜所拥有的幸福，我感恩： 因为：

3.每天听一段讲座：

4.每天反省一处过失：

5.每天做一件善事：

6.每天写一段心得体会：

星期____第____天 传承人签名：____________

天气：__________ ______年______月______日

1.每天朗读并抄写一段经典：

丧三年，常悲咽。居处变，酒肉绝。
丧尽礼，祭尽诚。事死者，如事生。

请抄写：

2.每天书写并朗读感恩条：

我感恩（父母、长辈、领导、老师、农民、工人等）： 因为：

我要衷心地赞扬并感恩： 因为：

我很知足并珍惜所拥有的幸福，我感恩： 因为：

3.每天听一段讲座：

4.每天反省一处过失：

5.每天做一件善事：

6.每天写一段心得体会：

星期____第____天

天气：________

传承人签名：________

______年______月______日

1.每天朗读并抄写一段经典：

兄道友，弟道恭。兄弟睦，孝在中。
财物轻，怨何生。言语忍，忿自泯。

请抄写：

2.每天书写并朗读感恩条：

我感恩（父母、长辈、领导、老师、农民、工人等）： 因为：

我要衷心地赞扬并感恩： 因为：

我很知足并珍惜所拥有的幸福，我感恩： 因为：

3.每天听一段讲座：

4.每天反省一处过失：

5.每天做一件善事：

6.每天写一段心得体会：

星期____第____天 传承人签名：____________

天气：__________ ______年______月______日

1.每天朗读并抄写一段经典：

或饮食，或坐走。长者先，幼者后。
长呼人，即代叫。人不在，己即到。

请抄写：

2.每天书写并朗读感恩条：

我感恩（父母、长辈、领导、老师、农民、工人等）： 因为：

我要衷心地赞扬并感恩： 因为：

我很知足并珍惜所拥有的幸福，我感恩： 因为：

3.每天听一段讲座：

4.每天反省一处过失：

5.每天做一件善事：

6.每天写一段心得体会：

星期____第____天

天气：________

传承人签名：__________

______年______月______日

1.每天朗读并抄写一段经典：

称尊长，勿呼名。对尊长，勿见能。
路遇长，疾趋揖。长无言，退恭立。

请抄写：

2.每天书写并朗读感恩条：

我感恩（父母、长辈、领导、老师、农民、工人等）： 因为：

我要衷心地赞扬并感恩： 因为：

我很知足并珍惜所拥有的幸福，我感恩： 因为：

3.每天听一段讲座：

4.每天反省一处过失：

5.每天做一件善事：

6.每天写一段心得体会：

星期____第____天 传承人签名：____________

天气：________ ______年______月______日

1.每天朗读并抄写一段经典：

骑下马，乘下车。过犹待，百步余。
长者立，幼勿坐。长者坐，命乃坐。

请抄写：

2.每天书写并朗读感恩条：

我感恩（父母、长辈、领导、老师、农民、工人等）： 因为：

我要衷心地赞扬并感恩： 因为：

我很知足并珍惜所拥有的幸福，我感恩： 因为：

3.每天听一段讲座：

4.每天反省一处过失：

5.每天做一件善事：

6.每天写一段心得体会：

星期____第____天 传承人签名：__________

天气：________ ______年______月______日

1.每天朗读并抄写一段经典：

尊长前，声要低。低不闻，却非宜。
进必趋，退必迟。问起对，视勿移。
事诸父，如事父。事诸兄，如事兄。

请抄写：

2.每天书写并朗读感恩条：

我感恩（父母、长辈、领导、老师、农民、工人等）： 因为：

我要衷心地赞扬并感恩： 因为：

我很知足并珍惜所拥有的幸福，我感恩： 因为：

3.每天听一段讲座：

4.每天反省一处过失：

5.每天做一件善事：

6.每天写一段心得体会：

星期____第____天 传承人签名：________

天气：________ ____年____月____日

1.每天朗读并抄写一段经典：

朝起早，夜眠迟。老易至，惜此时。
晨必盥，兼漱口。便溺回，辄净手。

请抄写：

2.每天书写并朗读感恩条：

我感恩（父母、长辈、领导、老师、农民、工人等）： 因为：

我要衷心地赞扬并感恩： 因为：

我很知足并珍惜所拥有的幸福，我感恩： 因为：

3.每天听一段讲座：

4.每天反省一处过失：

5.每天做一件善事：

6.每天写一段心得体会：

星期____第____天 传承人签名：________

天气：________ ____年____月____日

1.每天朗读并抄写一段经典：

冠必正，纽必结。袜与履，俱紧切。
置冠服，有定位。勿乱顿，致污秽。
衣贵洁，不贵华。上循分，下称家。

请抄写：

2.每天书写并朗读感恩条：

我感恩（父母、长辈、领导、老师、农民、工人等）： 因为：

我要衷心地赞扬并感恩： 因为：

我很知足并珍惜所拥有的幸福，我感恩： 因为：

3.每天听一段讲座：

4.每天反省一处过失：

5.每天做一件善事：

6.每天写一段心得体会：

星期____第____天 传承人签名：____________

天气：__________ ______年______月______日

1.每天朗读并抄写一段经典：

对饮食，勿拣择。食适可，勿过则。
年方少，勿饮酒。饮酒醉，最为丑。

请抄写：

2.每天书写并朗读感恩条：

我感恩（父母、长辈、领导、老师、农民、工人等）：　　因为：

我要衷心地赞扬并感恩：　　因为：

我很知足并珍惜所拥有的幸福，我感恩：　　因为：

3.每天听一段讲座：

4.每天反省一处过失：

5.每天做一件善事：

6.每天写一段心得体会：

星期____第____天　　传承人签名：____________

天气：__________　　______年______月______日

1.每天朗读并抄写一段经典：

步从容，立端正。揖深圆，拜恭敬。
勿践阈，勿跛倚。勿箕踞，勿摇髀。

请抄写：

2.每天书写并朗读感恩条：

我感恩（父母、长辈、领导、老师、农民、工人等）： 因为：

我要衷心地赞扬并感恩： 因为：

我很知足并珍惜所拥有的幸福，我感恩： 因为：

3.每天听一段讲座：

4.每天反省一处过失：

5.每天做一件善事：

6.每天写一段心得体会：

星期____第____天 传承人签名：____________

天气：_________ ______年______月______日

1.每天朗读并抄写一段经典：
缓揭帘，勿有声。宽转弯，勿触棱。 执虚器，如执盈。入虚室，如有人。 请抄写：
2.每天书写并朗读感恩条：
我感恩（父母、长辈、领导、老师、农民、工人等）：　　　　因为：
我要衷心地赞扬并感恩：　　　　因为：
我很知足并珍惜所拥有的幸福，我感恩：　　　　因为：
3.每天听一段讲座：
4.每天反省一处过失：
5.每天做一件善事：
6.每天写一段心得体会：

星期____第____天　　　　传承人签名：__________

天气：__________　　　　______年______月______日

1.每天朗读并抄写一段经典：

事勿忙，忙多错。勿畏难，勿轻略。
斗闹场，绝勿近。邪僻事，绝勿问。

请抄写：

2.每天书写并朗读感恩条：

我感恩（父母、长辈、领导、老师、农民、工人等）：　　因为：

我要衷心地赞扬并感恩：　　因为：

我很知足并珍惜所拥有的幸福，我感恩：　　因为：

3.每天听一段讲座：

4.每天反省一处过失：

5.每天做一件善事：

6.每天写一段心得体会：

星期____第____天　　传承人签名：____________

天气：__________　　______年______月______日

1.每天朗读并抄写一段经典：

将入门，问孰存。将上堂，声必扬。
人问谁，对以名。吾与我，不分明。

请抄写：

2.每天书写并朗读感恩条：

我感恩（父母、长辈、领导、老师、农民、工人等）： 因为：

我要衷心地赞扬并感恩： 因为：

我很知足并珍惜所拥有的幸福，我感恩： 因为：

3.每天听一段讲座：

4.每天反省一处过失：

5.每天做一件善事：

6.每天写一段心得体会：

星期____第____天 传承人签名：____________

天气：__________ ______年______月______日

1.每天朗读并抄写一段经典：

用人物，须明求。倘不问，即为偷。
借人物，及时还。人借物，有勿悭。

请抄写：

2.每天书写并朗读感恩条：

我感恩（父母、长辈、领导、老师、农民、工人等）：　　因为：

我要衷心地赞扬并感恩：　　因为：

我很知足并珍惜所拥有的幸福，我感恩：　　因为：

3.每天听一段讲座：

4.每天反省一处过失：

5.每天做一件善事：

6.每天写一段心得体会：

星期____第____天　　传承人签名：________

天气：________　　______年______月______日

1.每天朗读并抄写一段经典：	
凡出言，信为先。诈与妄，奚可焉。 话说多，不如少。惟其是，勿佞巧。 奸巧语，秽污词。市井气，切戒之。 请抄写：	
2.每天书写并朗读感恩条：	
我感恩（父母、长辈、领导、老师、农民、工人等）：	因为：
我要衷心地赞扬并感恩：	因为：
我很知足并珍惜所拥有的幸福，我感恩：	因为：
3.每天听一段讲座：	
4.每天反省一处过失：	
5.每天做一件善事：	
6.每天写一段心得体会：	

星期____第____天　　　　传承人签名：____________

天气：__________　　　　______年______月______日

1.每天朗读并抄写一段经典：

见未真，勿轻言。知未的，勿轻传。
事非宜，勿轻诺。苟轻诺，进退错。

请抄写：

2.每天书写并朗读感恩条：

我感恩（父母、长辈、领导、老师、农民、工人等）： 因为：

我要衷心地赞扬并感恩： 因为：

我很知足并珍惜所拥有的幸福，我感恩： 因为：

3.每天听一段讲座：

4.每天反省一处过失：

5.每天做一件善事：

6.每天写一段心得体会：

星期____第____天 传承人签名：____________

天气：__________ ______年______月______日

1.每天朗读并抄写一段经典：
凡道字，重且舒。勿急疾，勿模糊。 彼说长，此说短。不关己，莫闲管。
请抄写：
2.每天书写并朗读感恩条：
我感恩（父母、长辈、领导、老师、农民、工人等）：　　因为：
我要衷心地赞扬并感恩：　　因为：
我很知足并珍惜所拥有的幸福，我感恩：　　因为：
3.每天听一段讲座：
4.每天反省一处过失：
5.每天做一件善事：
6.每天写一段心得体会：

星期____第____天　　　　传承人签名：____________

天气：__________　　　　______年______月______日

1.每天朗读并抄写一段经典：

见人善，即思齐。纵去远，以渐跻。
见人恶，即内省。有则改，无加警。

请抄写：

2.每天书写并朗读感恩条：

我感恩（父母、长辈、领导、老师、农民、工人等）　因为：

我要衷心地赞扬并感恩：　因为：

我很知足并珍惜所拥有的幸福，我感恩：　因为：

3.每天听一段讲座：

4.每天反省一处过失：

5.每天做一件善事：

6.每天写一段心得体会：

星期____第____天　传承人签名：__________

天气：________　______年______月______日

1.每天朗读并抄写一段经典：
唯德学，唯才艺。不如人，当自砺。 若衣服，若饮食。不如人，勿生戚。
请抄写：
2.每天书写并朗读感恩条：
我感恩（父母、长辈、领导、老师、农民、工人等）：　　　　因为：
我要衷心地赞扬并感恩：　　　　因为：
我很知足并珍惜所拥有的幸福，我感恩：　　　　因为：
3.每天听一段讲座：
4.每天反省一处过失：
5.每天做一件善事：
6.每天写一段心得体会：

星期____第____天　　　　传承人签名：________

天气：________　　　　______年______月______日

1.每天朗读并抄写一段经典：
闻过怒，闻誉乐。损友来，益友却。 闻誉恐，闻过欣。直谅士，渐相亲。 请抄写：
2.每天书写并朗读感恩条：
我感恩（父母、长辈、领导、老师、农民、工人等）：　　　　因为：
我要衷心地赞扬并感恩：　　　　因为：
我很知足并珍惜所拥有的幸福，我感恩：　　　　因为：
3.每天听一段讲座：
4.每天反省一处过失：
5.每天做一件善事：
6.每天写一段心得体会：

星期____第____天　　　　传承人签名：__________

天气：________　　　　______年______月______日

1.每天朗读并抄写一段经典：

无心非，名为错。有心非，名为恶。
过能改，归于无。倘掩饰，增一辜。

请抄写：

2.每天书写并朗读感恩条：

我感恩（父母、长辈、领导、老师、农民、工人等）： 因为：

我要衷心地赞扬并感恩： 因为：

我很知足并珍惜所拥有的幸福，我感恩： 因为：

3.每天听一段讲座：

4.每天反省一处过失：

5.每天做一件善事：

6.每天写一段心得体会：

星期____第____天 传承人签名：____________

天气：__________ ______年______月______日

1.每天朗读并抄写一段经典：

凡是人，皆须爱。天同覆，地同载。
行高者，名自高。人所重，非貌高。
才大者，望自大。人所服，非言大。

请抄写：____________________

2.每天书写并朗读感恩条：

我感恩（父母、长辈、领导、老师、农民、工人等）：　　因为：

我要衷心地赞扬并感恩：　　因为：

我很知足并珍惜所拥有的幸福，我感恩：　　因为：

3.每天听一段讲座：

4.每天反省一处过失：

5.每天做一件善事：

6.每天写一段心得体会：

星期____第____天　　传承人签名：____________

天气：__________　　______年______月______日

1.每天朗读并抄写一段经典：

己有能，勿自私。人所能，勿轻訾。
勿谄富，勿骄贫。勿厌故，勿喜新。

请抄写：

2.每天书写并朗读感恩条：

我感恩（父母、长辈、领导、老师、农民、工人等）： 因为：

我要衷心地赞扬并感恩： 因为：

我很知足并珍惜所拥有的幸福，我感恩： 因为：

3.每天听一段讲座：

4.每天反省一处过失：

5.每天做一件善事：

6.每天写一段心得体会：

星期____第____天 传承人签名：____________

天气：__________ ______年______月______日

1.每天朗读并抄写一段经典：

人不闲，勿事搅。人不安，勿话扰。
人有短，切莫揭。人有私，切莫说。

请抄写：

2.每天书写并朗读感恩条：

我感恩（父母、长辈、领导、老师、农民、工人等）： 因为：

我要衷心地赞扬并感恩： 因为：

我很知足并珍惜所拥有的幸福，我感恩： 因为：

3.每天听一段讲座：

4.每天反省一处过失：

5.每天做一件善事：

6.每天写一段心得体会：

星期____第____天 传承人签名：__________

天气：__________ ______年______月______日

1.每天朗读并抄写一段经典：
道人善，即是善。人知之，愈思勉。 扬人恶，即是恶。疾之甚，祸且作。 请抄写：
2.每天书写并朗读感恩条：
我感恩（父母、长辈、领导、老师、农民、工人等）：　　因为：
我要衷心地赞扬并感恩：　　因为：
我很知足并珍惜所拥有的幸福，我感恩：　　因为：
3.每天听一段讲座：
4.每天反省一处过失：
5.每天做一件善事：
6.每天写一段心得体会：

星期____第____天　　　　传承人签名：__________

天气：________　　　　______年______月______日

1.每天朗读并抄写一段经典：

善相劝，德皆建。过不规，道两亏。
凡取与，贵分晓。与宜多，取宜少。

请抄写：

2.每天书写并朗读感恩条：

我感恩（父母、长辈、领导、老师、农民、工人等）： 因为：

我要衷心地赞扬并感恩： 因为：

我很知足并珍惜所拥有的幸福，我感恩： 因为：

3.每天听一段讲座：

4.每天反省一处过失：

5.每天做一件善事：

6.每天写一段心得体会：

星期____第____天 传承人签名：____________

天气：__________ ______年______月______日

1.每天朗读并抄写一段经典：
将加人，先问己。己不欲，即速已。 恩欲报，怨欲忘。抱怨短，报恩长。 请抄写：________________
2.每天书写并朗读感恩条：
我感恩（父母、长辈、领导、老师、农民、工人等）：　　　　因为：
我要衷心地赞扬并感恩：　　　　因为：
我很知足并珍惜所拥有的幸福，我感恩：　　　　因为：
3.每天听一段讲座：
4.每天反省一处过失：
5.每天做一件善事：
6.每天写一段心得体会：

星期____第____天　　　　传承人签名：____________

天气：__________　　　　______年______月______日

1.每天朗读并抄写一段经典：

同是人，类不齐。流俗众，仁者希。
果仁者，人多畏。言不讳，色不媚。

请抄写：

2.每天书写并朗读感恩条：

我感恩（父母、长辈、领导、老师、农民、工人等）： 因为：

我要衷心地赞扬并感恩： 因为：

我很知足并珍惜所拥有的幸福，我感恩： 因为：

3.每天听一段讲座：

4.每天反省一处过失：

5.每天做一件善事：

6.每天写一段心得体会：

星期____第____天 传承人签名：__________

天气：________ ______年______月______日

1.每天朗读并抄写一段经典：

能亲仁，无限好。德日进，过日少。
不亲仁，无限害。小人进，百事坏。

请抄写：

2.每天书写并朗读感恩条：

我感恩（父母、长辈、领导、老师、农民、工人等）：　　因为：

我要衷心地赞扬并感恩：　　因为：

我很知足并珍惜所拥有的幸福，我感恩：　　因为：

3.每天听一段讲座：

4.每天反省一处过失：

5.每天做一件善事：

6.每天写一段心得体会：

星期____第____天　　传承人签名：____________

天气：__________　　______年______月______日

1.每天朗读并抄写一段经典：
读书法，有三到。心眼口，信皆要。 方读此，勿慕彼。此未终，彼勿起。 请抄写：
2.每天书写并朗读感恩条：
我感恩（父母、长辈、领导、老师、农民、工人等）：　　因为：
我要衷心地赞扬并感恩：　　因为：
我很知足并珍惜所拥有的幸福，我感恩：　　因为：
3.每天听一段讲座：
4.每天反省一处过失：
5.每天做一件善事：
6.每天写一段心得体会：

星期____第____天　　　　传承人签名：____________

天气：__________　　　　______年______月______日

1.每天朗读并抄写一段经典：
宽为限，紧用功。工夫到，滞塞通。 心有疑，随札记。就人问，求确义。 请抄写：
2.每天书写并朗读感恩条：
我感恩（父母、长辈、领导、老师、农民、工人等）： 因为：
我要衷心地赞扬并感恩： 因为：
我很知足并珍惜所拥有的幸福，我感恩： 因为：
3.每天听一段讲座：
4.每天反省一处过失：
5.每天做一件善事：
6.每天写一段心得体会：

星期____第____天 传承人签名：__________

天气：________ ______年______月______日

1.每天朗读并抄写一段经典：

房室清，墙壁净。几案洁，笔砚正。
墨磨偏，心不端。字不敬，心先病。

请抄写：

2.每天书写并朗读感恩条：

我感恩（父母、长辈、领导、老师、农民、工人等）： 因为：

我要衷心地赞扬并感恩： 因为：

我很知足并珍惜所拥有的幸福，我感恩： 因为：

3.每天听一段讲座：

4.每天反省一处过失：

5.每天做一件善事：

6.每天写一段心得体会：

星期____第____天 传承人签名：____________

天气：__________ ______年______月______日

1.每天朗读并抄写一段经典：

列典籍，有定处。读看毕，还原处。
虽有急，卷束齐。有缺坏，就补之。

请抄写：

2.每天书写并朗读感恩条：

我感恩（父母、长辈、领导、老师、农民、工人等）： 因为：

我要衷心地赞扬并感恩： 因为：

我很知足并珍惜所拥有的幸福，我感恩： 因为：

3.每天听一段讲座：

4.每天反省一处过失：

5.每天做一件善事：

6.每天写一段心得体会：

星期____第____天 传承人签名：____________

天气：________ ______年______月______日

1.每天朗读并抄写一段经典：

非圣书，屏勿视。敝聪明，坏心志。
勿自暴，勿自弃。圣与贤，可驯致。

请抄写：

2.每天书写并朗读感恩条：

我感恩（父母、长辈、领导、老师、农民、工人等）： 因为：

我要衷心地赞扬并感恩： 因为：

我很知足并珍惜所拥有的幸福，我感恩： 因为：

3.每天听一段讲座：

4.每天反省一处过失：

5.每天做一件善事：

6.每天写一段心得体会：

星期____第____天 传承人签名：____________

天气：__________ ______年______月______日

《朱子治家格言》

1.每天朗读并抄写一段经典：

黎明即起，洒扫庭除，要内外整洁。既昏便息，关锁门户，必亲自检点。

请抄写：

2.每天书写并朗读感恩条：

我感恩（父母、长辈、领导、老师、农民、工人等）： 因为：

我要衷心地赞扬并感恩： 因为：

我很知足并珍惜所拥有的幸福，我感恩： 因为：

3.每天听一段讲座：

4.每天反省一处过失：

5.每天做一件善事：

6.每天写一段心得体会：

星期____第____天 传承人签名：____________

天气：__________ ______年______月______日

1.每天朗读并抄写一段经典：

一粥一饭，当思来处不易。半丝半缕，恒念物力维艰。

请抄写：

2.每天书写并朗读感恩条：

我感恩（父母、长辈、领导、老师、农民、工人等）： 因为：

我要衷心地赞扬并感恩： 因为：

我很知足并珍惜所拥有的幸福，我感恩： 因为：

3.每天听一段讲座：

4.每天反省一处过失：

5.每天做一件善事：

6.每天写一段心得体会：

星期____第____天

天气：__________

传承人签名：______________

______年______月______日

1.每天朗读并抄写一段经典：

宜未雨而绸缪，毋临渴而掘井。自奉必须俭约，宴客切勿流连。

请抄写：

2.每天书写并朗读感恩条：

我感恩（父母、长辈、领导、老师、农民、工人等）： 因为：

我要衷心地赞扬并感恩： 因为：

我很知足并珍惜所拥有的幸福，我感恩： 因为：

3.每天听一段讲座：

4.每天反省一处过失：

5.每天做一件善事：

6.每天写一段心得体会：

星期____第____天 传承人签名：____________

天气：__________ ______年______月______日

1.每天朗读并抄写一段经典：

器具质而洁，瓦缶胜金玉。饮食约而精，园蔬愈珍馐。勿营华屋，勿谋良田。

请抄写：

2.每天书写并朗读感恩条：

我感恩（父母、长辈、领导、老师、农民、工人等）： 因为：

我要衷心地赞扬并感恩： 因为：

我很知足并珍惜所拥有的幸福，我感恩： 因为：

3.每天听一段讲座：

4.每天反省一处过失：

5.每天做一件善事：

6.每天写一段心得体会：

星期____第____天 传承人签名：____________

天气：__________ ______年______月______日

1.每天朗读并抄写一段经典：

祖宗虽远，祭祀不可不诚。子孙虽愚，经书不可不读。

请抄写：

2.每天书写并朗读感恩条：

我感恩（父母、长辈、领导、老师、农民、工人等）： 因为：

我要衷心地赞扬并感恩： 因为：

我很知足并珍惜所拥有的幸福，我感恩： 因为：

3.每天听一段讲座：

4.每天反省一处过失：

5.每天做一件善事：

6.每天写一段心得体会：

星期____第____天 传承人签名：__________

天气：__________ ______年______月______日

1.每天朗读并抄写一段经典：

居身务期质朴，教子要有义方。勿贪意外之财，勿饮过量之酒。

请抄写：

2.每天书写并朗读感恩条：

我感恩（父母、长辈、领导、老师、农民、工人等）： 因为：

我要衷心地赞扬并感恩： 因为：

我很知足并珍惜所拥有的幸福，我感恩： 因为：

3.每天听一段讲座：

4.每天反省一处过失：

5.每天做一件善事：

6.每天写一段心得体会：

星期____第____天 传承人签名：__________

天气：__________ ______年______月______日

1.每天朗读并抄写一段经典：

与肩挑贸易，毋占便宜。见贫苦亲邻，须加温恤。刻薄成家，理无久享。伦常乖舛，立见消亡。

请抄写：

2.每天书写并朗读感恩条：

我感恩（父母、长辈、领导、老师、农民、工人等）： 因为：

我要衷心地赞扬并感恩： 因为：

我很知足并珍惜所拥有的幸福，我感恩： 因为：

3.每天听一段讲座：

4.每天反省一处过失：

5.每天做一件善事：

6.每天写一段心得体会：

星期____第____天 传承人签名：____________

天气：__________ ______年______月______日

1.每天朗读并抄写一段经典：
兄弟叔侄，须分多润寡。长幼内外，宜法肃辞严。 请抄写：
2.每天书写并朗读感恩条：
我感恩（父母、长辈、领导、老师、农民、工人等）：　　　　因为：
我要衷心地赞扬并感恩：　　　　因为：
我很知足并珍惜所拥有的幸福，我感恩：　　　　因为：
3.每天听一段讲座：
4.每天反省一处过失：
5.每天做一件善事：
6.每天写一段心得体会：

星期____第____天　　　　传承人签名：____________

天气：__________　　　　______年______月______日

1.每天朗读并抄写一段经典：

嫁女择佳婿，毋索重聘。娶媳求淑女，勿计厚奁。

请抄写：

2.每天书写并朗读感恩条：

我感恩（父母、长辈、领导、老师、农民、工人等）： 因为：

我要衷心地赞扬并感恩： 因为：

我很知足并珍惜所拥有的幸福，我感恩： 因为：

3.每天听一段讲座：

4.每天反省一处过失：

5.每天做一件善事：

6.每天写一段心得体会：

星期____第____天 传承人签名：____________

天气：__________ ______年______月______日

1.每天朗读并抄写一段经典：

见富贵而生谄容者，最可耻。遇贫穷而作骄态者，贱莫甚。

请抄写：

2.每天书写并朗读感恩条：

我感恩（父母、长辈、领导、老师、农民、工人等）：　　因为：

我要衷心地赞扬并感恩：　　因为：

我很知足并珍惜所拥有的幸福，我感恩：　　因为：

3.每天听一段讲座：

4.每天反省一处过失：

5.每天做一件善事：

6.每天写一段心得体会：

星期____第____天　　传承人签名：____________

天气：__________　　______年______月______日

1.每天朗读并抄写一段经典：

居家戒争讼，讼则终凶。处世戒多言，言多必失。

请抄写：

2.每天书写并朗读感恩条：

我感恩（父母、长辈、领导、老师、农民、工人等）： 因为：

我要衷心地赞扬并感恩： 因为：

我很知足并珍惜所拥有的幸福，我感恩： 因为：

3.每天听一段讲座：

4.每天反省一处过失：

5.每天做一件善事：

6.每天写一段心得体会：

星期____第____天 传承人签名：____________

天气：__________ ______年______月______日

1.每天朗读并抄写一段经典：
勿恃势力而凌逼孤寡，毋贪口腹而恣杀生禽。 请抄写：
2.每天书写并朗读感恩条：
我感恩（父母、长辈、领导、老师、农民、工人等）：　　　因为：
我要衷心地赞扬并感恩：　　　因为：
我很知足并珍惜所拥有的幸福，我感恩：　　　因为：
3.每天听一段讲座：
4.每天反省一处过失：
5.每天做一件善事：
6.每天写一段心得体会：

星期____第____天　　　　传承人签名：__________

天气：________　　　　______年______月______日

1.每天朗读并抄写一段经典：

乖僻自是，悔误必多。颓隳自甘，家道难成。

请抄写：

2.每天书写并朗读感恩条：

我感恩（父母、长辈、领导、老师、农民、工人等）：　　因为：

我要衷心地赞扬并感恩：　　因为：

我很知足并珍惜所拥有的幸福，我感恩：　　因为：

3.每天听一段讲座：

4.每天反省一处过失：

5.每天做一件善事：

6.每天写一段心得体会：

星期____第____天　　传承人签名：________

天气：________　　______年______月______日

1.每天朗读并抄写一段经典：
狎暱恶少，久必受其累。屈志老成，急则可相依。 请抄写：
2.每天书写并朗读感恩条：
我感恩（父母、长辈、领导、老师、农民、工人等）：　　因为：
我要衷心地赞扬并感恩：　　因为：
我很知足并珍惜所拥有的幸福，我感恩：　　因为：
3.每天听一段讲座：
4.每天反省一处过失：
5.每天做一件善事：
6.每天写一段心得体会：

星期____第____天　　　　传承人签名：__________

天气：__________　　　　______年______月______日

1.每天朗读并抄写一段经典：

轻听发言，安知非人之谮诉？当忍耐三思。因事相争，焉知非我之不是？须平心暗想。

请抄写：

2.每天书写并朗读感恩条：

我感恩（父母、长辈、领导、老师、农民、工人等）： 因为：

我要衷心地赞扬并感恩： 因为：

我很知足并珍惜所拥有的幸福，我感恩： 因为：

3.每天听一段讲座：

4.每天反省一处过失：

5.每天做一件善事：

6.每天写一段心得体会：

星期____第____天 传承人签名：____________

天气：__________ ______年______月______日

1.每天朗读并抄写一段经典：

家门和顺，虽饔飧不济，亦有余欢。国课早完，即囊橐无余，自得至乐。

请抄写：

2.每天书写并朗读感恩条：

我感恩（父母、长辈、领导、老师、农民、工人等）： 因为：

我要衷心地赞扬并感恩： 因为：

我很知足并珍惜所拥有的幸福，我感恩： 因为：

3.每天听一段讲座：

4.每天反省一处过失：

5.每天做一件善事：

6.每天写一段心得体会：

星期____第____天 传承人签名：____________

天气：__________ ______年______月______日

《诫子书》

1.每天朗读并抄写一段经典：

夫君子之行，静以修身，俭以养德。非淡泊无以明志，非宁静无以致远。

请抄写：

2.每天书写并朗读感恩条：

我感恩（父母、长辈、领导、老师、农民、工人等）： 因为：

我要衷心地赞扬并感恩： 因为：

我很知足并珍惜所拥有的幸福，我感恩： 因为：

3.每天听一段讲座：

4.每天反省一处过失：

5.每天做一件善事：

6.每天写一段心得体会：

星期____第____天 传承人签名：________

天气：________ ______年______月______日

1.每天朗读并抄写一段经典：	
夫学须静也，才须学也，非学无以广才，非志无以成学。 请抄写：	
2.每天书写并朗读感恩条：	
我感恩（父母、长辈、领导、老师、农民、工人等）：	因为：
我要衷心地赞扬并感恩：	因为：
我很知足并珍惜所拥有的幸福，我感恩：	因为：
3.每天听一段讲座：	
4.每天反省一处过失：	
5.每天做一件善事：	
6.每天写一段心得体会：	

星期____第____天　　　　传承人签名：____________

天气：__________　　　　______年______月______日

1.每天朗读并抄写一段经典：

淫慢则不能励精，险躁则不能冶性。

请抄写：

2.每天书写并朗读感恩条：

我感恩（父母、长辈、领导、老师、农民、工人等）： 因为：

我要衷心地赞扬并感恩： 因为：

我很知足并珍惜所拥有的幸福，我感恩： 因为：

3.每天听一段讲座：

4.每天反省一处过失：

5.每天做一件善事：

6.每天写一段心得体会：

星期____第____天 传承人签名：____________

天气：________ ______年______月______日

1.每天朗读并抄写一段经典：
年与时驰，意与日去，遂成枯落，多不接世，悲守穷庐，将复何及！ 请抄写：
2.每天书写并朗读感恩条：
我感恩（父母、长辈、领导、老师、农民、工人等）：　　因为：
我要衷心地赞扬并感恩：　　因为：
我很知足并珍惜所拥有的幸福，我感恩：　　因为：
3.每天听一段讲座：
4.每天反省一处过失：
5.每天做一件善事：
6.每天写一段心得体会：

星期____第____天　　传承人签名：__________

天气：________　　______年______月______日

《大学》

1.每天朗读并抄写一段经典：

大学之道，在明明德，在亲民，在止于至善。

请抄写：

2.每天书写并朗读感恩条：

我感恩（父母、长辈、领导、老师、农民、工人等）： 因为：

我要衷心地赞扬并感恩： 因为：

我很知足并珍惜所拥有的幸福，我感恩： 因为：

3.每天听一段讲座：

4.每天反省一处过失：

5.每天做一件善事：

6.每天写一段心得体会：

星期____第____天 传承人签名：________

天气：________ ____年____月____日

1.每天朗读并抄写一段经典：

知止而后有定，定而后能静，静而后能安，安而后能虑，虑而后能得。物有本末，事有终始，知所先后，则近道矣。

请抄写：

2.每天书写并朗读感恩条：

我感恩（父母、长辈、领导、老师、农民、工人等）： 因为：

我要衷心地赞扬并感恩： 因为：

我很知足并珍惜所拥有的幸福，我感恩： 因为：

3.每天听一段讲座：

4.每天反省一处过失：

5.每天做一件善事：

6.每天写一段心得体会：

星期____第____天

天气：__________

传承人签名：____________

______年______月______日

1.每天朗读并抄写一段经典：

古之欲明明德于天下者，先治其国。欲治其国者，先齐其家。欲齐其家者，先修其身。欲修其身者，先正其心。

请抄写：

2.每天书写并朗读感恩条：

我感恩（父母、长辈、领导、老师、农民、工人等）： 因为：

我要衷心地赞扬并感恩： 因为：

我很知足并珍惜所拥有的幸福，我感恩： 因为：

3.每天听一段讲座：

4.每天反省一处过失：

5.每天做一件善事：

6.每天写一段心得体会：

星期____第____天 传承人签名：____________

天气：__________ ______年______月______日

1.每天朗读并抄写一段经典：
欲正其心者，先诚其意。欲诚其意者，先致其知。致知在格物。 请抄写：
2.每天书写并朗读感恩条：
我感恩（父母、长辈、领导、老师、农民、工人等）： 因为：
我要衷心地赞扬并感恩： 因为：
我很知足并珍惜所拥有的幸福，我感恩： 因为：
3.每天听一段讲座：
4.每天反省一处过失：
5.每天做一件善事：
6.每天写一段心得体会：

星期____第____天　　　　传承人签名：____________

天气：__________　　　　______年______月______日

1.每天朗读并抄写一段经典：

物格而后知至，知至而后意诚，意诚而后心正，心正而后身修，身修而后家齐，家齐而后国治，国治而后天下平。

请抄写：

2.每天书写并朗读感恩条：

我感恩（父母、长辈、领导、老师、农民、工人等）：　　因为：

我要衷心地赞扬并感恩：　　因为：

我很知足并珍惜所拥有的幸福，我感恩：　　因为：

3.每天听一段讲座：

4.每天反省一处过失：

5.每天做一件善事：

6.每天写一段心得体会：

星期____第____天　　传承人签名：____________

天气：__________　　______年______月______日

1.每天朗读并抄写一段经典：

自天子以至于庶人，壹是皆以修身为本。其本乱而末治者，否矣。

请抄写：

2.每天书写并朗读感恩条：

我感恩（父母、长辈、领导、老师、农民、工人等）： 因为：

我要衷心地赞扬并感恩： 因为：

我很知足并珍惜所拥有的幸福，我感恩： 因为：

3.每天听一段讲座：

4.每天反省一处过失：

5.每天做一件善事：

6.每天写一段心得体会：

星期____第____天　　　　传承人签名：______________

天气：__________　　　　______年______月______日

1.每天朗读并抄写一段经典：

其所厚者薄，亲其所薄者厚，未之有也。此谓知本，此谓知之至也。

请抄写：

2.每天书写并朗读感恩条：

我感恩（父母、长辈、领导、老师、农民、工人等）： 因为：

我要衷心地赞扬并感恩： 因为：

我很知足并珍惜所拥有的幸福，我感恩： 因为：

3.每天听一段讲座：

4.每天反省一处过失：

5.每天做一件善事：

6.每天写一段心得体会：

星期____第____天

天气：__________

传承人签名：______________

______年______月______日

1.每天朗读并抄写一段经典：	
小人闲居为不善，无所不至，见君子而后厌然，掩其不善，而著其善。	
请抄写：	
2.每天书写并朗读感恩条：	
我感恩（父母、长辈、领导、老师、农民、工人等）：	因为：
我要衷心地赞扬并感恩：	因为：
我很知足并珍惜所拥有的幸福，我感恩：	因为：
3.每天听一段讲座：	
4.每天反省一处过失：	
5.每天做一件善事：	
6.每天写一段心得体会：	

星期____第____天　　　　传承人签名：__________

天气：________　　　　______年______月______日

1.每天朗读并抄写一段经典：
人之视己，如见其肺肝然，则何益矣。此谓诚于中，形于外，故君子必慎其独也。
请抄写：
2.每天书写并朗读感恩条：
我感恩（父母、长辈、领导、老师、农民、工人等）：　　因为：
我要衷心地赞扬并感恩：　　因为：
我很知足并珍惜所拥有的幸福，我感恩：　　因为：
3.每天听一段讲座：
4.每天反省一处过失：
5.每天做一件善事：
6.每天写一段心得体会：

星期____第____天　　传承人签名：____________

天气：________　　______年______月______日

1.每天朗读并抄写一段经典：	
曾子曰："十目所视，十手所指，其严乎。"富润屋，德润身，心广体胖。故君子必诚其意。 请抄写：	
2.每天书写并朗读感恩条：	
我感恩（父母、长辈、领导、老师、农民、工人等）：	因为：
我要衷心地赞扬并感恩：	因为：
我很知足并珍惜所拥有的幸福，我感恩：	因为：
3.每天听一段讲座：	
4.每天反省一处过失：	
5.每天做一件善事：	
6.每天写一段心得体会：	

星期____第____天　　　　　　　　传承人签名：__________

天气：__________　　　　　　　　______年______月______日

1.每天朗读并抄写一段经典：

《诗》云："瞻彼淇澳，绿竹猗猗。有匪君子，如切如磋，如琢如磨。瑟兮僩兮，赫兮喧兮。有匪君子，终不可諠兮。"

请抄写：________________

2.每天书写并朗读感恩条：

我感恩（父母、长辈、领导、老师、农民、工人等）： 因为：

我要衷心地赞扬并感恩： 因为：

我很知足并珍惜所拥有的幸福，我感恩： 因为：

3.每天听一段讲座：

4.每天反省一处过失：

5.每天做一件善事：

6.每天写一段心得体会：

星期____第____天 传承人签名：____________

天气：__________ ______年______月______日

1.每天朗读并抄写一段经典：

如切如磋者，道学也；如琢如磨者，自修也。瑟兮僩兮者，恂栗也。

请抄写：

2.每天书写并朗读感恩条：

我感恩（父母、长辈、领导、老师、农民、工人等）： 因为：

我要衷心地赞扬并感恩： 因为：

我很知足并珍惜所拥有的幸福，我感恩： 因为：

3.每天听一段讲座：

4.每天反省一处过失：

5.每天做一件善事：

6.每天写一段心得体会：

星期____第____天 传承人签名：____________

天气：__________ ______年______月______日

1.每天朗读并抄写一段经典：

赫兮喧兮者，威仪也。有匪君子，终不可谖兮者，道盛德至善，民之不能忘也。

请抄写：

2.每天书写并朗读感恩条：

我感恩（父母、长辈、领导、老师、农民、工人等）： 因为：

我要衷心地赞扬并感恩： 因为：

我很知足并珍惜所拥有的幸福，我感恩： 因为：

3.每天听一段讲座：

4.每天反省一处过失：

5.每天做一件善事：

6.每天写一段心得体会：

星期____第____天 传承人签名：____________

天气：__________ ______年______月______日

1.每天朗读并抄写一段经典：
《诗》云："于戏，前王不忘。"君子贤其贤而亲其亲，小人乐其乐而利其利，此以没世不忘也。 请抄写：
2.每天书写并朗读感恩条：
我感恩（父母、长辈、领导、老师、农民、工人等）：　　　　因为：
我要衷心地赞扬并感恩：　　　　因为：
我很知足并珍惜所拥有的幸福，我感恩：　　　　因为：
3.每天听一段讲座：
4.每天反省一处过失：
5.每天做一件善事：
6.每天写一段心得体会：

星期____第____天　　　　传承人签名：________

天气：________　　　　______年______月______日

1.每天朗读并抄写一段经典：

《康诰》曰："克明德。"《太甲》曰："顾諟天之明命。"《帝典》曰："克明峻德。"皆自明也。

请抄写：

2.每天书写并朗读感恩条：

我感恩（父母、长辈、领导、老师、农民、工人等）： 因为：

我要衷心地赞扬并感恩： 因为：

我很知足并珍惜所拥有的幸福，我感恩： 因为：

3.每天听一段讲座：

4.每天反省一处过失：

5.每天做一件善事：

6.每天写一段心得体会：

星期____第____天 传承人签名：______

天气：______ ______年______月______日

1.每天朗读并抄写一段经典：
汤之《盘铭》曰：“苟日新，日日新，又日新。”《康诰》曰：“作新民。”
请抄写：
2.每天书写并朗读感恩条：
我感恩（父母、长辈、领导、老师、农民、工人等）：　　因为：
我要衷心地赞扬并感恩：　　因为：
我很知足并珍惜所拥有的幸福，我感恩：　　因为：
3.每天听一段讲座：
4.每天反省一处过失：
5.每天做一件善事：
6.每天写一段心得体会：

星期____第____天　　　　传承人签名：__________

天气：__________　　　　______年______月______日

1.每天朗读并抄写一段经典：

《诗》曰："周虽旧邦，其命维新。"是故君子无所不用其极。

请抄写：

2.每天书写并朗读感恩条：

我感恩（父母、长辈、领导、老师、农民、工人等）： 因为：

我要衷心地赞扬并感恩： 因为：

我很知足并珍惜所拥有的幸福，我感恩： 因为：

3.每天听一段讲座：

4.每天反省一处过失：

5.每天做一件善事：

6.每天写一段心得体会：

星期____第____天 传承人签名：________

天气：________ ______年______月______日

1.每天朗读并抄写一段经典：
《诗》云："邦畿千里，维民所止。"《诗》云："缗蛮黄鸟，止于丘隅。"子曰："于止，知其所止，可以人而不如鸟乎？"
请抄写：
2.每天书写并朗读感恩条：
我感恩（父母、长辈、领导、老师、农民、工人等）：　　因为：
我要衷心地赞扬并感恩：　　因为：
我很知足并珍惜所拥有的幸福，我感恩：　　因为：
3.每天听一段讲座：
4.每天反省一处过失：
5.每天做一件善事：
6.每天写一段心得体会：

星期____第____天　　　　传承人签名：________

天气：________　　　　____年____月____日

1.每天朗读并抄写一段经典：
《诗》云："穆穆文王，於缉熙敬止。"为人君，止于仁。为人臣，止于敬。为人子，止于孝。为人父，止于慈。与国人交，止于信。 请抄写：
2.每天书写并朗读感恩条：
我感恩（父母、长辈、领导、老师、农民、工人等）：　　因为：
我要衷心地赞扬并感恩：　　因为：
我很知足并珍惜所拥有的幸福，我感恩：　　因为：
3.每天听一段讲座：
4.每天反省一处过失：
5.每天做一件善事：
6.每天写一段心得体会：

星期____第____天　　　　传承人签名：____________

天气：__________　　　　______年______月______日

1.每天朗读并抄写一段经典：

子曰："听讼，吾犹人也。必也使无讼乎！"无情者，不得尽其辞。大畏民志，此谓知本。

请抄写：

2.每天书写并朗读感恩条：

我感恩（父母、长辈、领导、老师、农民、工人等）：　　因为：

我要衷心地赞扬并感恩：　　因为：

我很知足并珍惜所拥有的幸福，我感恩：　　因为：

3.每天听一段讲座：

4.每天反省一处过失：

5.每天做一件善事：

6.每天写一段心得体会：

星期____第____天　　传承人签名：________

天气：________　　____年____月____日

1.每天朗读并抄写一段经典：

所谓修身在正其心者：身有所忿懥，则不得其正；有所恐惧，则不得其正；有所好乐，则不得其正；有所忧患，则不得其正。

请抄写：

2.每天书写并朗读感恩条：

我感恩（父母、长辈、领导、老师、农民、工人等）：　因为：

我要衷心地赞扬并感恩：　因为：

我很知足并珍惜所拥有的幸福，我感恩：　因为：

3.每天听一段讲座：

4.每天反省一处过失：

5.每天做一件善事：

6.每天写一段心得体会：

星期____第____天　传承人签名：________

天气：________　____年____月____日

1.每天朗读并抄写一段经典：

心不在焉，视而不见，听而不闻，食而不知其味。此谓修身在正其心。

请抄写：

2.每天书写并朗读感恩条：

我感恩（父母、长辈、领导、老师、农民、工人等）： 因为：

我要衷心地赞扬并感恩： 因为：

我很知足并珍惜所拥有的幸福，我感恩： 因为：

3.每天听一段讲座：

4.每天反省一处过失：

5.每天做一件善事：

6.每天写一段心得体会：

星期____第____天 传承人签名：________

天气：________ ______年______月______日

1.每天朗读并抄写一段经典：

所谓齐其家在修其身者，人之其所亲爱而辟焉，之其所贱恶而辟焉，之其所畏敬而辟焉，之其所哀矜而辟焉，之其所敖惰而辟焉。

请抄写：

2.每天书写并朗读感恩条：

我感恩（父母、长辈、领导、老师、农民、工人等）： 因为：

我要衷心地赞扬并感恩： 因为：

我很知足并珍惜所拥有的幸福，我感恩： 因为：

3.每天听一段讲座：

4.每天反省一处过失：

5.每天做一件善事：

6.每天写一段心得体会：

星期____第____天 传承人签名：____________

天气：__________ ______年______月______日

1.每天朗读并抄写一段经典：
故好而知其恶，恶而知其美者，天下鲜矣。故谚有之曰："人莫知其子之恶，莫知其苗之硕。"此谓身不修，不可以齐其家。 请抄写：
2.每天书写并朗读感恩条：
我感恩（父母、长辈、领导、老师、农民、工人等）：　　　　因为：
我要衷心地赞扬并感恩：　　　　因为：
我很知足并珍惜所拥有的幸福，我感恩：　　　　因为：
3.每天听一段讲座：
4.每天反省一处过失：
5.每天做一件善事：
6.每天写一段心得体会：

星期____第____天　　　　传承人签名：____________

天气：__________　　　　______年______月______日

1.每天朗读并抄写一段经典：

所谓治国必先齐其家者，其家不可教而能教人者，无之。故君子不出家而成教于国。

请抄写：

2.每天书写并朗读感恩条：

我感恩（父母、长辈、领导、老师、农民、工人等）： 因为：

我要衷心地赞扬并感恩： 因为：

我很知足并珍惜所拥有的幸福，我感恩： 因为：

3.每天听一段讲座：

4.每天反省一处过失：

5.每天做一件善事：

6.每天写一段心得体会：

星期____第____天 传承人签名：____________

天气：__________ ______年______月______日

1.每天朗读并抄写一段经典：
孝者，所以事君也。悌者，所以事长也。慈者，所以使众也。
请抄写：
2.每天书写并朗读感恩条：
我感恩（父母、长辈、领导、老师、农民、工人等）：　　因为：
我要衷心地赞扬并感恩：　　因为：
我很知足并珍惜所拥有的幸福，我感恩：　　因为：
3.每天听一段讲座：
4.每天反省一处过失：
5.每天做一件善事：
6.每天写一段心得体会：

星期____第____天　　　　传承人签名：____________

天气：__________　　　　______年______月______日

1.每天朗读并抄写一段经典：

《康诰》曰："如保赤子。"心诚求之，虽不中不远矣。未有学养子而后嫁者也。

请抄写：________________

2.每天书写并朗读感恩条：

我感恩（父母、长辈、领导、老师、农民、工人等）： 因为：

我要衷心地赞扬并感恩： 因为：

我很知足并珍惜所拥有的幸福，我感恩： 因为：

3.每天听一段讲座：

4.每天反省一处过失：

5.每天做一件善事：

6.每天写一段心得体会：

星期____第____天 传承人签名：____________

天气：________ ______年______月______日

1.每天朗读并抄写一段经典：

一家仁，一国兴仁；一家让，一国兴让；一人贪戾，一国作乱，其机如此。此谓一言偾事，一人定国。

请抄写：

2.每天书写并朗读感恩条：

我感恩（父母、长辈、领导、老师、农民、工人等）：　　因为：

我要衷心地赞扬并感恩：　　因为：

我很知足并珍惜所拥有的幸福，我感恩：　　因为：

3.每天听一段讲座：

4.每天反省一处过失：

5.每天做一件善事：

6.每天写一段心得体会：

星期____第____天　　传承人签名：__________

天气：__________　　______年______月______日

1.每天朗读并抄写一段经典：

尧、舜帅天下以仁，而民从之。桀、纣帅天下以暴，而民从之。

请抄写：

2.每天书写并朗读感恩条：

我感恩（父母、长辈、领导、老师、农民、工人等）： 因为：

我要衷心地赞扬并感恩： 因为：

我很知足并珍惜所拥有的幸福，我感恩： 因为：

3.每天听一段讲座：

4.每天反省一处过失：

5.每天做一件善事：

6.每天写一段心得体会：

星期____第____天 传承人签名：____________

天气：__________ ______年______月______日

1.每天朗读并抄写一段经典：

其所令反其所好，而民不从。是故君子有诸己而后求诸人，无诸己而后非诸人。

请抄写：

2.每天书写并朗读感恩条：

我感恩（父母、长辈、领导、老师、农民、工人等）： 因为：

我要衷心地赞扬并感恩： 因为：

我很知足并珍惜所拥有的幸福，我感恩： 因为：

3.每天听一段讲座：

4.每天反省一处过失：

5.每天做一件善事：

6.每天写一段心得体会：

星期____第____天 传承人签名：____________

天气：__________ ______年______月______日

1.每天朗读并抄写一段经典：

所藏乎身不恕，而能喻诸人者，未之有也。故治国在齐其家。

请抄写：

2.每天书写并朗读感恩条：

我感恩（父母、长辈、领导、老师、农民、工人等）： 因为：

我要衷心地赞扬并感恩： 因为：

我很知足并珍惜所拥有的幸福，我感恩： 因为：

3.每天听一段讲座：

4.每天反省一处过失：

5.每天做一件善事：

6.每天写一段心得体会：

星期____第____天 传承人签名：____________

天气：__________ ______年______月______日

1.每天朗读并抄写一段经典：	
《诗》云："桃之夭夭，其叶蓁蓁。之子于归，宜其家人。"宜其家人，而后可以教国人。	
请抄写：	
2.每天书写并朗读感恩条：	
我感恩（父母、长辈、领导、老师、农民、工人等）：	因为：
我要衷心地赞扬并感恩：	因为：
我很知足并珍惜所拥有的幸福，我感恩：	因为：
3.每天听一段讲座：	
4.每天反省一处过失：	
5.每天做一件善事：	
6.每天写一段心得体会：	

星期____第____天　　　　传承人签名：________

天气：________　　　　____年____月____日

1.每天朗读并抄写一段经典：

《诗》云："宜兄宜弟。"宜兄宜弟，而后可以教国人。

请抄写：

2.每天书写并朗读感恩条：

我感恩（父母、长辈、领导、老师、农民、工人等）： 因为：

我要衷心地赞扬并感恩： 因为：

我很知足并珍惜所拥有的幸福，我感恩： 因为：

3.每天听一段讲座：

4.每天反省一处过失：

5.每天做一件善事：

6.每天写一段心得体会：

星期____第____天 传承人签名：____________

天气：__________ ______年______月______日

1.每天朗读并抄写一段经典：

《诗》云："其仪不忒，正是四国。"其为父子兄弟足法，而后民法之也。此谓治国在齐其家。

请抄写：

2.每天书写并朗读感恩条：

我感恩（父母、长辈、领导、老师、农民、工人等）： 因为：

我要衷心地赞扬并感恩： 因为：

我很知足并珍惜所拥有的幸福，我感恩： 因为：

3.每天听一段讲座：

4.每天反省一处过失：

5.每天做一件善事：

6.每天写一段心得体会：

星期____第____天 传承人签名：________

天气：________ ____年____月____日

1.每天朗读并抄写一段经典：

所谓平天下在治其国者，上老老而民兴孝，上长长而民兴悌，上恤孤而民不倍。是以君子有絜矩之道也。

请抄写：

2.每天书写并朗读感恩条：

我感恩（父母、长辈、领导、老师、农民、工人等）： 因为：

我要衷心地赞扬并感恩： 因为：

我很知足并珍惜所拥有的幸福，我感恩： 因为：

3.每天听一段讲座：

4.每天反省一处过失：

5.每天做一件善事：

6.每天写一段心得体会：

星期____第____天

天气：__________

传承人签名：______________

______年______月______日

1.每天朗读并抄写一段经典：	
所恶于上，毋以使下。所恶于下，毋以事上。所恶于前，毋以先后。所恶于后，毋以从前。所恶于右，毋以交于左。所恶于左，毋以交于右。此之谓絜矩之道。	
请抄写：	
2.每天书写并朗读感恩条：	
我感恩（父母、长辈、领导、老师、农民、工人等）：	因为：
我要衷心地赞扬并感恩：	因为：
我很知足并珍惜所拥有的幸福，我感恩：	因为：
3.每天听一段讲座：	
4.每天反省一处过失：	
5.每天做一件善事：	
6.每天写一段心得体会：	

星期____第____天　　　　传承人签名：____________

天气：__________　　　　______年______月______日

1.每天朗读并抄写一段经典：

《诗》云："乐只君子，民之父母。"民之所好好之，民之所恶恶之，此之谓民之父母。

请抄写：

2.每天书写并朗读感恩条：

我感恩（父母、长辈、领导、老师、农民、工人等）： 因为：

我要衷心地赞扬并感恩： 因为：

我很知足并珍惜所拥有的幸福，我感恩： 因为：

3.每天听一段讲座：

4.每天反省一处过失：

5.每天做一件善事：

6.每天写一段心得体会：

星期____第____天 传承人签名：____________

天气：__________ ______年______月______日

<table>
<tr><td colspan="2">1.每天朗读并抄写一段经典：</td></tr>
<tr><td colspan="2">《诗》云：“节彼南山，维石岩岩。赫赫师尹，民具尔瞻。”有国者不可以不慎，辟则为天下僇矣。

请抄写：</td></tr>
<tr><td colspan="2">2.每天书写并朗读感恩条：</td></tr>
<tr><td>我感恩（父母、长辈、领导、老师、农民、工人等）：</td><td>因为：</td></tr>
<tr><td colspan="2"></td></tr>
<tr><td>我要衷心地赞扬并感恩：</td><td>因为：</td></tr>
<tr><td colspan="2"></td></tr>
<tr><td>我很知足并珍惜所拥有的幸福，我感恩：</td><td>因为：</td></tr>
<tr><td colspan="2"></td></tr>
<tr><td colspan="2">3.每天听一段讲座：</td></tr>
<tr><td colspan="2">4.每天反省一处过失：</td></tr>
<tr><td colspan="2">5.每天做一件善事：</td></tr>
<tr><td colspan="2">6.每天写一段心得体会：</td></tr>
</table>

星期____第____天　　　　传承人签名：__________

天气：________　　　　______年______月______日

1.每天朗读并抄写一段经典：

《诗》云："殷之未丧师，克配上帝。仪监于殷，峻命不易。"道得众则得国，失众则失国。

请抄写：

2.每天书写并朗读感恩条：

我感恩（父母、长辈、领导、老师、农民、工人等）： 因为：

我要衷心地赞扬并感恩： 因为：

我很知足并珍惜所拥有的幸福，我感恩： 因为：

3.每天听一段讲座：

4.每天反省一处过失：

5.每天做一件善事：

6.每天写一段心得体会：

星期____第____天 传承人签名：____________

天气：__________ ______年______月______日

1.每天朗读并抄写一段经典：

是故君子先慎乎德。有德此有人，有人此有土，有土此有财，有财此有用。德者，本也；财者，末也。外本内末，争民施夺。

请抄写：

2.每天书写并朗读感恩条：

我感恩（父母、长辈、领导、老师、农民、工人等）：　　因为：

我要衷心地赞扬并感恩：　　因为：

我很知足并珍惜所拥有的幸福，我感恩：　　因为：

3.每天听一段讲座：

4.每天反省一处过失：

5.每天做一件善事：

6.每天写一段心得体会：

星期____第____天　　传承人签名：____________

天气：__________　　______年______月______日

1.每天朗读并抄写一段经典：	
是故财聚则民散，财散则民聚。是故言悖而出者，亦悖而入；货悖而入者，亦悖而出。	
请抄写：	
2.每天书写并朗读感恩条：	
我感恩（父母、长辈、领导、老师、农民、工人等）：	因为：
我要衷心地赞扬并感恩：	因为：
我很知足并珍惜所拥有的幸福，我感恩：	因为：
3.每天听一段讲座：	
4.每天反省一处过失：	
5.每天做一件善事：	
6.每天写一段心得体会：	

星期____第____天　　　　传承人签名：__________

天气：________　　　　______年______月______日

1.每天朗读并抄写一段经典：
《康诰》曰："惟命不于常。"道善则得之，不善则失之矣。 请抄写：
2.每天书写并朗读感恩条：
我感恩（父母、长辈、领导、老师、农民、工人等）： 因为：
我要衷心地赞扬并感恩： 因为：
我很知足并珍惜所拥有的幸福，我感恩： 因为：
3.每天听一段讲座：
4.每天反省一处过失：
5.每天做一件善事：
6.每天写一段心得体会：

星期____第____天 传承人签名：____________

天气：__________ ______年______月______日

1.每天朗读并抄写一段经典：

《楚书》曰："楚国无以为宝，惟善以为宝。"舅犯曰："亡人无以为宝，仁亲以为宝。"

请抄写：

2.每天书写并朗读感恩条：

我感恩（父母、长辈、领导、老师、农民、工人等）： 因为：

我要衷心地赞扬并感恩： 因为：

我很知足并珍惜所拥有的幸福，我感恩： 因为：

3.每天听一段讲座：

4.每天反省一处过失：

5.每天做一件善事：

6.每天写一段心得体会：

星期____第____天

天气：__________

传承人签名：____________

______年______月______日

1.每天朗读并抄写一段经典：

《秦誓》曰："若有一介臣，断断兮无他技，其心休休焉，其如有容焉。"

请抄写：

2.每天书写并朗读感恩条：

我感恩（父母、长辈、领导、老师、农民、工人等）： 因为：

我要衷心地赞扬并感恩： 因为：

我很知足并珍惜所拥有的幸福，我感恩： 因为：

3.每天听一段讲座：

4.每天反省一处过失：

5.每天做一件善事：

6.每天写一段心得体会：

星期____第____天 传承人签名：____________

天气：__________ ______年______月______日

1.每天朗读并抄写一段经典：

“人之有技，若己有之；人之彦圣，其心好之，不啻若自其口出。实能容之，以能保我子孙黎民，尚亦有利哉！”

请抄写：

2.每天书写并朗读感恩条：

我感恩（父母、长辈、领导、老师、农民、工人等）： 因为：

我要衷心地赞扬并感恩： 因为：

我很知足并珍惜所拥有的幸福，我感恩： 因为：

3.每天听一段讲座：

4.每天反省一处过失：

5.每天做一件善事：

6.每天写一段心得体会：

星期____第____天 传承人签名：________

天气：________ ______年______月______日

1.每天朗读并抄写一段经典：
“人之有技，媢疾以恶之；人之彦圣，而违之俾不通。实不能容，以不能保我子孙黎民，亦曰殆哉。”
请抄写：
2.每天书写并朗读感恩条：
我感恩（父母、长辈、领导、老师、农民、工人等）：　　　　因为：
我要衷心地赞扬并感恩：　　　　因为：
我很知足并珍惜所拥有的幸福，我感恩：　　　　因为：
3.每天听一段讲座：
4.每天反省一处过失：
5.每天做一件善事：
6.每天写一段心得体会：

星期____第____天　　　　传承人签名：__________

天气：________　　　　______年______月______日

1.每天朗读并抄写一段经典：	
唯仁人放流之，迸诸四夷，不与同中国。此谓“惟仁人为能爱人，能恶人”。 请抄写：	
2.每天书写并朗读感恩条：	
我感恩（父母、长辈、领导、老师、农民、工人等）：	因为：
我要衷心地赞扬并感恩：	因为：
我很知足并珍惜所拥有的幸福，我感恩：	因为：
3.每天听一段讲座：	
4.每天反省一处过失：	
5.每天做一件善事：	
6.每天写一段心得体会：	

星期____第____天　　　　传承人签名：__________

天气：__________　　　　______年______月______日

1.每天朗读并抄写一段经典：
见贤而不能举，举而不能先，命也；见不善而不能退，退而不能远，过也。 请抄写：
2.每天书写并朗读感恩条：
我感恩（父母、长辈、领导、老师、农民、工人等）：　　因为：
我要衷心地赞扬并感恩：　　因为：
我很知足并珍惜所拥有的幸福，我感恩：　　因为：
3.每天听一段讲座：
4.每天反省一处过失：
5.每天做一件善事：
6.每天写一段心得体会：

星期____第____天　　传承人签名：____________

天气：__________　　______年______月______日

1.每天朗读并抄写一段经典：	
好人之所恶，恶人之所好，是谓拂人之性，灾必逮夫身。是故君子有大道，必忠信以得之，骄泰以失之。 请抄写：	
2.每天书写并朗读感恩条：	
我感恩（父母、长辈、领导、老师、农民、工人等）：	因为：
我要衷心地赞扬并感恩：	因为：
我很知足并珍惜所拥有的幸福，我感恩：	因为：
3.每天听一段讲座：	
4.每天反省一处过失：	
5.每天做一件善事：	
6.每天写一段心得体会：	

星期____第____天 传承人签名：__________

天气：________ ______年______月______日

1.每天朗读并抄写一段经典：
生财有大道：生之者众，食之者寡；为之者疾，用之者舒。则财恒足矣。 请抄写：
2.每天书写并朗读感恩条：
我感恩（父母、长辈、领导、老师、农民、工人等）：　　　　因为：
我要衷心地赞扬并感恩：　　　　因为：
我很知足并珍惜所拥有的幸福，我感恩：　　　　因为：
3.每天听一段讲座：
4.每天反省一处过失：
5.每天做一件善事：
6.每天写一段心得体会：

星期____第____天　　　　传承人签名：__________

天气：__________　　　　______年______月______日

1.每天朗读并抄写一段经典：

仁者以财发身，不仁者以身发财。未有上好仁，而下不好义者也，未有好义其事不终者也，未有府库财非其财者也。

请抄写：

2.每天书写并朗读感恩条：

我感恩（父母、长辈、领导、老师、农民、工人等）： 因为：

我要衷心地赞扬并感恩： 因为：

我很知足并珍惜所拥有的幸福，我感恩： 因为：

3.每天听一段讲座：

4.每天反省一处过失：

5.每天做一件善事：

6.每天写一段心得体会：

星期____第____天　　　　传承人签名：____________

天气：__________　　　　______年______月______日

1.每天朗读并抄写一段经典：

孟献子曰："畜马乘，不察于鸡豚；伐冰之家，不畜牛羊；百乘之家，不畜聚敛之臣。与其有聚敛之臣，宁有盗臣。"

请抄写：

2.每天书写并朗读感恩条：

我感恩（父母、长辈、领导、老师、农民、工人等）： 因为：

我要衷心地赞扬并感恩： 因为：

我很知足并珍惜所拥有的幸福，我感恩： 因为：

3.每天听一段讲座：

4.每天反省一处过失：

5.每天做一件善事：

6.每天写一段心得体会：

星期____第____天 传承人签名：____________

天气：__________ ______年______月______日

1.每天朗读并抄写一段经典：

此谓国不以利为利，以义为利也。

请抄写：

2.每天书写并朗读感恩条：

我感恩（父母、长辈、领导、老师、农民、工人等）： 因为：

我要衷心地赞扬并感恩： 因为：

我很知足并珍惜所拥有的幸福，我感恩： 因为：

3.每天听一段讲座：

4.每天反省一处过失：

5.每天做一件善事：

6.每天写一段心得体会：

星期____第____天 传承人签名：__________

天气：__________ ______年______月______日

1.每天朗读并抄写一段经典：
长国家而务财用者，必自小人矣。彼为善之，小人之使为国家，灾害并至。 请抄写：
2.每天书写并朗读感恩条：
我感恩（父母、长辈、领导、老师、农民、工人等）：　　　　因为：
我要衷心地赞扬并感恩：　　　　因为：
我很知足并珍惜所拥有的幸福，我感恩：　　　　因为：
3.每天听一段讲座：
4.每天反省一处过失：
5.每天做一件善事：
6.每天写一段心得体会：

星期____第____天　　　　传承人签名：__________

天气：________　　　　______年______月______日

1.每天朗读并抄写一段经典：

虽有善者，亦无如之何矣。此谓国不以利为利，以义为利也。

请抄写：

2.每天书写并朗读感恩条：

我感恩（父母、长辈、领导、老师、农民、工人等）： 因为：

我要衷心地赞扬并感恩： 因为：

我很知足并珍惜所拥有的幸福，我感恩： 因为：

3.每天听一段讲座：

4.每天反省一处过失：

5.每天做一件善事：

6.每天写一段心得体会：

星期____第____天 传承人签名：________

天气：________ ______年______月______日

《中庸》

1.每天朗读并抄写一段经典：

天命之谓性，率性之谓道，修道之谓教。道也者，不可须臾离也，可离非道也。

请抄写：

2.每天书写并朗读感恩条：

我感恩（父母、长辈、领导、老师、农民、工人等）： 因为：

我要衷心地赞扬并感恩： 因为：

我很知足并珍惜所拥有的幸福，我感恩： 因为：

3.每天听一段讲座：

4.每天反省一处过失：

5.每天做一件善事：

6.每天写一段心得体会：

星期____第____天

天气：__________

传承人签名：______________

______年______月______日

1.每天朗读并抄写一段经典：

是故君子戒慎乎其所不睹，恐惧乎其所不闻。莫见乎隐，莫显乎微，故君子慎其独也。

请抄写：

2.每天书写并朗读感恩条：

我感恩（父母、长辈、领导、老师、农民、工人等）： 因为：

我要衷心地赞扬并感恩： 因为：

我很知足并珍惜所拥有的幸福，我感恩： 因为：

3.每天听一段讲座：

4.每天反省一处过失：

5.每天做一件善事：

6.每天写一段心得体会：

星期____第____天 传承人签名：____________

天气：__________ ______年______月______日

1.每天朗读并抄写一段经典：

喜怒哀乐之未发，谓之中。发而皆中节，谓之和。中也者，天下之大本也。和也者，天下之达道也。致中和，天地位焉，万物育焉。

请抄写：

2.每天书写并朗读感恩条：

我感恩（父母、长辈、领导、老师、农民、工人等）： 因为：

我要衷心地赞扬并感恩： 因为：

我很知足并珍惜所拥有的幸福，我感恩： 因为：

3.每天听一段讲座：

4.每天反省一处过失：

5.每天做一件善事：

6.每天写一段心得体会：

星期____第____天

天气：__________

传承人签名：____________

______年______月______日

1.每天朗读并抄写一段经典：
仲尼曰："君子中庸，小人反中庸。君子之中庸也，君子而时中。小人之中庸也，小人而无忌惮也。"
请抄写：
2.每天书写并朗读感恩条：
我感恩（父母、长辈、领导、老师、农民、工人等）：　　因为：
我要衷心地赞扬并感恩：　　因为：
我很知足并珍惜所拥有的幸福，我感恩：　　因为：
3.每天听一段讲座：
4.每天反省一处过失：
5.每天做一件善事：
6.每天写一段心得体会：

星期____第____天　　　　传承人签名：____________

天气：__________　　　　______年______月______日

1.每天朗读并抄写一段经典：

子曰："中庸其至矣乎，民鲜能久矣。"

请抄写：

2.每天书写并朗读感恩条：

我感恩（父母、长辈、领导、老师、农民、工人等）： 因为：

我要衷心地赞扬并感恩： 因为：

我很知足并珍惜所拥有的幸福，我感恩： 因为：

3.每天听一段讲座：

4.每天反省一处过失：

5.每天做一件善事：

6.每天写一段心得体会：

星期____第____天 专承人签名：____________

天气：__________ ______年______月______日

1.每天朗读并抄写一段经典：

子曰："道之不行也，我知之矣。知者过之，愚者不及也。道之不明也，我知之矣。贤者过之，不肖者不及也。人莫不饮食也，鲜能知味也。"

请抄写：__________

2.每天书写并朗读感恩条：

我感恩（父母、长辈、领导、老师、农民、工人等）：　　因为：

我要衷心地赞扬并感恩：　　因为：

我很知足并珍惜所拥有的幸福，我感恩：　　因为：

3.每天听一段讲座：

4.每天反省一处过失：

5.每天做一件善事：

6.每天写一段心得体会：

星期____第____天　　传承人签名：______

天气：______　　____年____月____日

1.每天朗读并抄写一段经典：
子曰："道其不行矣夫！" 请抄写：______
2.每天书写并朗读感恩条：
我感恩（父母、长辈、领导、老师、农民、工人等）： 因为：
我要衷心地赞扬并感恩： 因为：
我很知足并珍惜所拥有的幸福，我感恩： 因为：
3.每天听一段讲座：
4.每天反省一处过失：
5.每天做一件善事：
6.每天写一段心得体会：

星期____第____天 传承人签名：__________

天气：________ ______年______月______日

1.每天朗读并抄写一段经典：	
子曰："舜其大知也与，舜好问而好察迩言，隐恶而扬善，执其两端，用其中于民，其斯以为舜乎！" 请抄写：	
2.每天书写并朗读感恩条：	
我感恩（父母、长辈、领导、老师、农民、工人等）：	因为：
我要衷心地赞扬并感恩：	因为：
我很知足并珍惜所拥有的幸福，我感恩：	因为：
3.每天听一段讲座：	
4.每天反省一处过失：	
5.每天做一件善事：	
6.每天写一段心得体会：	

星期____第____天　　　　传承人签名：____________

天气：__________　　　　______年______月______日

1.每天朗读并抄写一段经典：

子曰："人皆曰予知，驱而纳诸罟擭陷阱之中，而莫之知辟也。人皆曰予知，择乎中庸，而不能期月守也。"

请抄写：

2.每天书写并朗读感恩条：

我感恩（父母、长辈、领导、老师、农民、工人等）： 因为：

我要衷心地赞扬并感恩： 因为：

我很知足并珍惜所拥有的幸福，我感恩： 因为：

3.每天听一段讲座：

4.每天反省一处过失：

5.每天做一件善事：

6.每天写一段心得体会：

星期____第____天 传承人签名：____________

天气：__________ ______年______月______日

1.每天朗读并抄写一段经典：

子曰："回之为人也，择乎中庸，得一善，则拳拳服膺弗失之矣。"

请抄写：

2.每天书写并朗读感恩条：

我感恩（父母、长辈、领导、老师、农民、工人等）：　　　　因为：

我要衷心地赞扬并感恩：　　　　因为：

我很知足并珍惜所拥有的幸福，我感恩：　　　　因为：

3.每天听一段讲座：

4.每天反省一处过失：

5.每天做一件善事：

6.每天写一段心得体会：

星期____第____天　　　　传承人签名：__________

天气：________　　　　______年______月______日

1.每天朗读并抄写一段经典：

子曰："天下国家可均也，爵禄可辞也，白刃可蹈也，中庸不可能也。"

请抄写：____________

2.每天书写并朗读感恩条：

我感恩（父母、长辈、领导、老师、农民、工人等）： 因为：

我要衷心地赞扬并感恩： 因为：

我很知足并珍惜所拥有的幸福，我感恩： 因为：

3.每天听一段讲座：

4.每天反省一处过失：

5.每天做一件善事：

6.每天写一段心得体会：

星期____第____天 传承人签名：____________

天气：________ ______年______月______日

1.每天朗读并抄写一段经典：

子路问强，子曰："南方之强与？北方之强与？抑而强与？宽柔以教，不报无道，南方之强也，君子居之。

请抄写：

2.每天书写并朗读感恩条：

我感恩（父母、长辈、领导、老师、农民、工人等）： 因为：

我要衷心地赞扬并感恩： 因为：

我很知足并珍惜所拥有的幸福，我感恩： 因为：

3.每天听一段讲座：

4.每天反省一处过失：

5.每天做一件善事：

6.每天写一段心得体会：

星期____第____天 传承人签名：____________

天气：__________ ______年______月______日

1.每天朗读并抄写一段经典：

衽金革，死而不厌，北方之强也，而强者居之。故君子和而不流，强哉矫！中立而不倚，强哉矫！

请抄写：

2.每天书写并朗读感恩条：

我感恩（父母、长辈、领导、老师、农民、工人等）： 因为：

我要衷心地赞扬并感恩： 因为：

我很知足并珍惜所拥有的幸福，我感恩： 因为：

3.每天听一段讲座：

4.每天反省一处过失：

5.每天做一件善事：

6.每天写一段心得体会：

星期____第____天

天气：__________

传承人签名：______________

______年______月______日

1.每天朗读并抄写一段经典：

国有道，不变塞焉，强哉矫！国无道，至死不变，强哉矫！”

请抄写：

2.每天书写并朗读感恩条：

我感恩（父母、长辈、领导、老师、农民、工人等）： 因为：

我要衷心地赞扬并感恩： 因为：

我很知足并珍惜所拥有的幸福，我感恩： 因为：

3.每天听一段讲座：

4.每天反省一处过失：

5.每天做一件善事：

6.每天写一段心得体会：

星期____第____天 传承人签名：________

天气：________ ______年______月______日

1.每天朗读并抄写一段经典：

子曰："素隐行怪，后世有述焉，吾弗为之矣。君子遵道而行，半途而废，吾弗能已矣。君子依乎中庸，遁世不见知而不悔，唯圣者能之。"

请抄写：

2.每天书写并朗读感恩条：

我感恩（父母、长辈、领导、老师、农民、工人等）： 因为：

我要衷心地赞扬并感恩： 因为：

我很知足并珍惜所拥有的幸福，我感恩： 因为：

3.每天听一段讲座：

4.每天反省一处过失：

5.每天做一件善事：

6.每天写一段心得体会：

星期____第____天 传承人签名：____________

天气：________ ______年______月______日

1.每天朗读并抄写一段经典：

君子之道，费而隐。夫妇之愚，可以与知焉。及其至也，虽圣人亦有所不知焉。夫妇之不肖，可以能行焉，及其至也，虽圣人亦有所不能焉。

请抄写：

2.每天书写并朗读感恩条：

我感恩（父母、长辈、领导、老师、农民、工人等）： 因为：

我要衷心地赞扬并感恩： 因为：

我很知足并珍惜所拥有的幸福，我感恩： 因为：

3.每天听一段讲座：

4.每天反省一处过失：

5.每天做一件善事：

6.每天写一段心得体会：

星期____第____天 传承人签名：________

天气：________ ______年______月______日

1.每天朗读并抄写一段经典：	
天地之大也，人犹有所憾。故君子语大，天下莫能载焉。语小，天下莫能破焉。 请抄写：	
2.每天书写并朗读感恩条：	
我感恩（父母、长辈、领导、老师、农民、工人等）：	因为：
我要衷心地赞扬并感恩：	因为：
我很知足并珍惜所拥有的幸福，我感恩：	因为：
3.每天听一段讲座：	
4.每天反省一处过失：	
5.每天做一件善事：	
6.每天写一段心得体会：	

星期____第____天　　　　传承人签名：____________

天气：__________　　　　______年______月______日

1.每天朗读并抄写一段经典：

《诗》云："鸢飞戾天，鱼跃于渊。"言其上下察也。君子之道，造端乎夫妇，及其至也，察乎天地。

请抄写：

2.每天书写并朗读感恩条：

我感恩（父母、长辈、领导、老师、农民、工人等）： 因为：

我要衷心地赞扬并感恩： 因为：

我很知足并珍惜所拥有的幸福，我感恩： 因为：

3.每天听一段讲座：

4.每天反省一处过失：

5.每天做一件善事：

6.每天写一段心得体会：

星期____第____天 传承人签名：__________

天气：__________ ______年______月______日

1.每天朗读并抄写一段经典：

子曰："道不远人。人之为道而远人，不可以为道。《诗》云："伐柯，伐柯，其则不远。"执柯以伐柯，睨而视之，犹以为远。

请抄写：

2.每天书写并朗读感恩条：

我感恩（父母、长辈、领导、老师、农民、工人等）： 因为：

我要衷心地赞扬并感恩： 因为：

我很知足并珍惜所拥有的幸福，我感恩： 因为：

3.每天听一段讲座：

4.每天反省一处过失：

5.每天做一件善事：

6.每天写一段心得体会：

星期____第____天 传承人签名：____________

天气：__________ ______年______月______日

1.每天朗读并抄写一段经典：

故君子以人治人，改而止。忠恕违道不远，施诸己而不愿，亦勿施于人。

请抄写：

2.每天书写并朗读感恩条：

我感恩（父母、长辈、领导、老师、农民、工人等）： 因为：

我要衷心地赞扬并感恩： 因为：

我很知足并珍惜所拥有的幸福，我感恩： 因为：

3.每天听一段讲座：

4.每天反省一处过失：

5.每天做一件善事：

6.每天写一段心得体会：

星期____第____天

天气：__________

传承人签名：__________

______年______月______日

1.每天朗读并抄写一段经典：

君子之道四，丘未能一焉：所求乎子，以事父，未能也；所求乎臣，以事君，未能也；所求乎弟，以事兄，未能也；所求乎朋友，先施之，未能也。

请抄写：

2.每天书写并朗读感恩条：

我感恩（父母、长辈、领导、老师、农民、工人等）： 因为：

我要衷心地赞扬并感恩： 因为：

我很知足并珍惜所拥有的幸福，我感恩： 因为：

3.每天听一段讲座：

4.每天反省一处过失：

5.每天做一件善事：

6.每天写一段心得体会：

星期____第____天 传承人签名：____________

天气：__________ ______年______月______日

1.每天朗读并抄写一段经典：
庸德之行，庸言之谨。有所不足，不敢不勉，有余，不敢尽。言顾行，行顾言，君子胡不慥慥尔。”
请抄写：
2.每天书写并朗读感恩条：
我感恩（父母、长辈、领导、老师、农民、工人等）：　　　　因为：
我要衷心地赞扬并感恩：　　　　因为：
我很知足并珍惜所拥有的幸福，我感恩：　　　　因为：
3.每天听一段讲座：
4.每天反省一处过失：
5.每天做一件善事：
6.每天写一段心得体会：

星期____第____天　　　　传承人签名：____________

天气：__________　　　　______年______月______日

1.每天朗读并抄写一段经典：

君子素其位而行，不愿乎其外。素富贵，行乎富贵；素贫贱，行乎贫贱；素夷狄，行乎夷狄；素患难，行乎患难。君子无入而不自得焉。

请抄写：

2.每天书写并朗读感恩条：

我感恩（父母、长辈、领导、老师、农民、工人等）： 因为：

我要衷心地赞扬并感恩： 因为：

我很知足并珍惜所拥有的幸福，我感恩： 因为：

3.每天听一段讲座：

4.每天反省一处过失：

5.每天做一件善事：

6.每天写一段心得体会：

星期____第____天　　传承人签名：____________

天气：__________　　______年______月______日

1.每天朗读并抄写一段经典：
在上位不陵（凌）下，在下位不援上，正己而不求于人，则无怨。上不怨天，下不尤人。故君子居易以俟命，小人行险以徼幸。
请抄写：
2.每天书写并朗读感恩条：
我感恩（父母、长辈、领导、老师、农民、工人等）：　　　因为：
我要衷心地赞扬并感恩：　　　因为：
我很知足并珍惜所拥有的幸福，我感恩：　　　因为：
3.每天听一段讲座：
4.每天反省一处过失：
5.每天做一件善事：
6.每天写一段心得体会：

星期____第____天　　　　传承人签名：__________

天气：__________　　　　______年______月______日

1.每天朗读并抄写一段经典：

子曰："射有似乎君子，失诸正鹄，反求诸其身。"君子之道，辟（譬）如行远必自迩，辟（譬）如登高必自卑。

请抄写：

2.每天书写并朗读感恩条：

我感恩（父母、长辈、领导、老师、农民、工人等）： 因为：

我要衷心地赞扬并感恩： 因为：

我很知足并珍惜所拥有的幸福，我感恩： 因为：

3.每天听一段讲座：

4.每天反省一处过失：

5.每天做一件善事：

6.每天写一段心得体会：

星期____第____天

天气：__________

传承人签名：______________

______年______月______日

1.每天朗读并抄写一段经典：

《诗》曰："妻子好合，如鼓瑟琴。兄弟既翕，和乐且耽。宜尔室家，乐尔妻帑。"子曰："父母其顺矣乎！"

请抄写：

2.每天书写并朗读感恩条：

我感恩（父母、长辈、领导、老师、农民、工人等）： 因为：

我要衷心地赞扬并感恩： 因为：

我很知足并珍惜所拥有的幸福，我感恩： 因为：

3.每天听一段讲座：

4.每天反省一处过失：

5.每天做一件善事：

6.每天写一段心得体会：

星期____第____天 传承人签名：__________

天气：________ ______年______月______日

1.每天朗读并抄写一段经典：

子曰："鬼神之为德，其盛矣乎！视之而弗见，听之而弗闻，体物而不可遗。使天下之人齐明盛服，以承祭祀。洋洋乎，如在其上，如在其左右。

请抄写：______

2.每天书写并朗读感恩条：

我感恩（父母、长辈、领导、老师、农民、工人等）： 因为：

我要衷心地赞扬并感恩： 因为：

我很知足并珍惜所拥有的幸福，我感恩： 因为：

3.每天听一段讲座：

4.每天反省一处过失：

5.每天做一件善事：

6.每天写一段心得体会：

星期____第____天 传承人签名：______

天气：______ ____年____月____日

1.每天朗读并抄写一段经典：

《诗》曰："神之格思，不可度思！矧可射思。"夫微之显，诚之不可揜，如此夫。

请抄写：

2.每天书写并朗读感恩条：

我感恩（父母、长辈、领导、老师、农民、工人等）： 因为：

我要衷心地赞扬并感恩： 因为：

我很知足并珍惜所拥有的幸福，我感恩： 因为：

3.每天听一段讲座：

4.每天反省一处过失：

5.每天做一件善事：

6.每天写一段心得体会：

星期____第____天 传承人签名：____________

天气：__________ ______年______月______日

1.每天朗读并抄写一段经典：

子曰："舜其大孝也与。德为圣人，尊为天子，富有四海之内，宗庙飨之，子孙保之。

请抄写：

2.每天书写并朗读感恩条：

我感恩（父母、长辈、领导、老师、农民、工人等）：	因为：
我要衷心地赞扬并感恩：	因为：
我很知足并珍惜所拥有的幸福，我感恩：	因为：

3.每天听一段讲座：

4.每天反省一处过失：

5.每天做一件善事：

6.每天写一段心得体会：

星期____第____天　　传承人签名：____________

天气：__________　　______年______月______日

1.每天朗读并抄写一段经典：
故大德必得其位，必得其禄，必得其名，必得其寿。故天之生物，必因其材而笃焉。故栽者培之，倾者覆之。 请抄写：
2.每天书写并朗读感恩条：
我感恩（父母、长辈、领导、老师、农民、工人等）：　　　因为：
我要衷心地赞扬并感恩：　　　因为：
我很知足并珍惜所拥有的幸福，我感恩：　　　因为：
3.每天听一段讲座：
4.每天反省一处过失：
5.每天做一件善事：
6.每天写一段心得体会：

星期____第____天　　　　传承人签名：____________

天气：__________　　　　______年______月______日

1.每天朗读并抄写一段经典：

《诗》曰："嘉乐君子，宪宪令德。宜民宜人，受禄于天，保佑命之，自天申之。"故大德者必受命。

请抄写：

2.每天书写并朗读感恩条：

我感恩（父母、长辈、领导、老师、农民、工人等）： 因为：

我要衷心地赞扬并感恩： 因为：

我很知足并珍惜所拥有的幸福，我感恩： 因为：

3.每天听一段讲座：

4.每天反省一处过失：

5.每天做一件善事：

6.每天写一段心得体会：

星期____第____天 传承人签名：____________

天气：__________ ______年______月______日

1.每天朗读并抄写一段经典：

子曰："无忧者，其惟文王乎。以王季为父，以武王为子，父作之，子述之。武王缵大王、王季、文王之绪，壹戎衣而有天下。

请抄写：

2.每天书写并朗读感恩条：

我感恩（父母、长辈、领导、老师、农民、工人等）：　　因为：

我要衷心地赞扬并感恩：　　因为：

我很知足并珍惜所拥有的幸福，我感恩：　　因为：

3.每天听一段讲座：

4.每天反省一处过失：

5.每天做一件善事：

6.每天写一段心得体会：

星期____第____天　　传承人签名：____________

天气：__________　　______年______月______日

1.每天朗读并抄写一段经典：

身不失天下之显名，尊为天子，富有四海之内。宗庙飨之，子孙保之。

请抄写：

2.每天书写并朗读感恩条：

我感恩（父母、长辈、领导、老师、农民、工人等）： 因为：

我要衷心地赞扬并感恩： 因为：

我很知足并珍惜所拥有的幸福，我感恩： 因为：

3.每天听一段讲座：

4.每天反省一处过失：

5.每天做一件善事：

6.每天写一段心得体会：

星期____第____天 传承人签名：____________

天气：__________ ______年______月______日

1.每天朗读并抄写一段经典：

武王末受命，周公成文、武之德，追王大王、王季，上祀先公以天子之礼。斯礼也，达乎诸侯、大夫及士、庶人。

请抄写：______

2.每天书写并朗读感恩条：

我感恩（父母、长辈、领导、老师、农民、工人等）： 因为：

我要衷心地赞扬并感恩： 因为：

我很知足并珍惜所拥有的幸福，我感恩： 因为：

3.每天听一段讲座：

4.每天反省一处过失：

5.每天做一件善事：

6.每天写一段心得体会：

星期____第____天

天气：________

传承人签名：________

____年____月____日

1.每天朗读并抄写一段经典：

父为大夫，子为士，葬以大夫，祭以士；父为士，子为大夫，葬以士，祭以大夫。期之丧，达乎大夫；三年之丧，达乎天子；父母之丧，无贵贱，一也。”

请抄写：

2.每天书写并朗读感恩条：

我感恩（父母、长辈、领导、老师、农民、工人等）： 因为：

我要衷心地赞扬并感恩： 因为：

我很知足并珍惜所拥有的幸福，我感恩： 因为：

3.每天听一段讲座：

4.每天反省一处过失：

5.每天做一件善事：

6.每天写一段心得体会：

星期____第____天 传承人签名：____________

天气：________ ______年______月______日

1.每天朗读并抄写一段经典：

子曰："武王、周公，其达孝矣乎。夫孝者，善继人之志，善述人之事者也。"春秋修其祖庙，陈其宗器，设其裳衣，荐其时食。

请抄写：________________

2.每天书写并朗读感恩条：

我感恩（父母、长辈、领导、老师、农民、工人等）： 因为：

我要衷心地赞扬并感恩： 因为：

我很知足并珍惜所拥有的幸福，我感恩： 因为：

3.每天听一段讲座：

4.每天反省一处过失：

5.每天做一件善事：

6.每天写一段心得体会：

星期____第____天 传承人签名：____________

天气：__________ ______年______月______日

1.每天朗读并抄写一段经典：

宗庙之礼，所以序昭穆也；序爵，所以辨贵贱也；序事，所以辨贤也；旅酬下为上，所以逮贱也。燕毛，所以序齿也。

请抄写：

2.每天书写并朗读感恩条：

我感恩（父母、长辈、领导、老师、农民、工人等）： 因为：

我要衷心地赞扬并感恩： 因为：

我很知足并珍惜所拥有的幸福，我感恩： 因为：

3.每天听一段讲座：

4.每天反省一处过失：

5.每天做一件善事：

6.每天写一段心得体会：

星期____第____天 传承人签名：____________

天气：________ ______年______月______日

1.每天朗读并抄写一段经典：
践其位，行其礼，奏其乐，敬其所尊，爱其所亲。事死如事生，事亡如事存，孝之至也。 请抄写：________________
2.每天书写并朗读感恩条：
我感恩（父母、长辈、领导、老师、农民、工人等）：　　因为：
我要衷心地赞扬并感恩：　　因为：
我很知足并珍惜所拥有的幸福，我感恩：　　因为：
3.每天听一段讲座：
4.每天反省一处过失：
5.每天做一件善事：
6.每天写一段心得体会：

星期____第____天　　　　传承人签名：____________

天气：__________　　　　______年______月______日

1.每天朗读并抄写一段经典：

郊社之礼，所以事上帝也；宗庙之礼，所以祀乎其先也。明乎郊社之礼，禘尝之义，治国其如示诸掌乎。”

请抄写：

2.每天书写并朗读感恩条：

我感恩（父母、长辈、领导、老师、农民、工人等）： 因为：

我要衷心地赞扬并感恩： 因为：

我很知足并珍惜所拥有的幸福，我感恩： 因为：

3.每天听一段讲座：

4.每天反省一处过失：

5.每天做一件善事：

6.每天写一段心得体会：

星期____第____天 传承人签名：____________

天气：__________ ______年______月______日

1.每天朗读并抄写一段经典：

哀公问政。子曰："文武之政，布在方策。其人存，则其政举；其人亡，则其政息。人道敏政，地道敏树。夫政也者，蒲卢也。

请抄写：

2.每天书写并朗读感恩条：

我感恩（父母、长辈、领导、老师、农民、工人等）： 因为：

我要衷心地赞扬并感恩： 因为：

我很知足并珍惜所拥有的幸福，我感恩： 因为：

3.每天听一段讲座：

4.每天反省一处过失：

5.每天做一件善事：

6.每天写一段心得体会：

星期____第____天 传承人签名：____________

天气：__________ ______年______月______日

1.每天朗读并抄写一段经典：

故为政在人，取人以身，修身以道，修道以仁。"仁者，人也。亲亲为大。义者，宜也。尊贤为大。亲亲之杀，尊贤之等，礼所生也。

请抄写：

2.每天书写并朗读感恩条：

我感恩（父母、长辈、领导、老师、农民、工人等）： 因为：

我要衷心地赞扬并感恩： 因为：

我很知足并珍惜所拥有的幸福，我感恩： 因为：

3.每天听一段讲座：

4.每天反省一处过失：

5.每天做一件善事：

6.每天写一段心得体会：

星期____第____天 传承人签名：____________

天气：__________ ______年______月______日

1.每天朗读并抄写一段经典：
在下位不获乎上，民不可得而治矣。故君子不可以不修身；思修身，不可以不事亲；思事亲，不可以不知人；思知人，不可以不知天。”
请抄写：
2.每天书写并朗读感恩条：
我感恩（父母、长辈、领导、老师、农民、工人等）： 因为：
我要衷心地赞扬并感恩： 因为：
我很知足并珍惜所拥有的幸福，我感恩： 因为：
3.每天听一段讲座：
4.每天反省一处过失：
5.每天做一件善事：
6.每天写一段心得体会：

星期____第____天　　　　传承人签名：__________

天气：__________　　　　______年______月______日

1.每天朗读并抄写一段经典：

天下之达道五，所以行之者三。曰："君臣也，父子也，夫妇也，昆（兄）弟也，朋友之交也，五者，天下之达道也。

请抄写：

2.每天书写并朗读感恩条：

我感恩（父母、长辈、领导、老师、农民、工人等）： 因为：

我要衷心地赞扬并感恩： 因为：

我很知足并珍惜所拥有的幸福，我感恩： 因为：

3.每天听一段讲座：

4.每天反省一处过失：

5.每天做一件善事：

6.每天写一段心得体会：

星期____第____天 传承人签名：________

天气：________ ____年____月____日

1.每天朗读并抄写一段经典：	
知、仁、勇三者，天下之达德也，所以行之者，一也。或生而知之，或学而知之，或困而知之，及其知之，一也。或安而行之，或利而行之，或勉强而行之，及其成功，一也。”	
请抄写：	
2.每天书写并朗读感恩条：	
我感恩（父母、长辈、领导、老师、农民、工人等）：	因为：
我要衷心地赞扬并感恩：	因为：
我很知足并珍惜所拥有的幸福，我感恩：	因为：
3.每天听一段讲座：	
4.每天反省一处过失：	
5.每天做一件善事：	
6.每天写一段心得体会：	

星期____第____天　　　　　　传承人签名：__________

天气：________　　　　　　______年______月______日

1.每天朗读并抄写一段经典：

子曰："好学近乎知，力行近乎仁，知耻近乎勇。知斯三者，则知所以修身；知所以修身，则知所以治人；知所以治人，则知所以治天下国家矣。"

请抄写：

2.每天书写并朗读感恩条：

我感恩（父母、长辈、领导、老师、农民、工人等）： 因为：

我要衷心地赞扬并感恩： 因为：

我很知足并珍惜所拥有的幸福，我感恩： 因为：

3.每天听一段讲座：

4.每天反省一处过失：

5.每天做一件善事：

6.每天写一段心得体会：

星期____第____天 传承人签名：____________

天气：__________ ______年______月______日

1.每天朗读并抄写一段经典：

凡为天下国家有九经，曰："修身也，尊贤也，亲亲也，敬大臣也，体群臣也，子庶民也，来百工也，柔远人也，怀诸侯也。"

请抄写：________________

2.每天书写并朗读感恩条：

我感恩（父母、长辈、领导、老师、农民、工人等）： 因为：

我要衷心地赞扬并感恩： 因为：

我很知足并珍惜所拥有的幸福，我感恩： 因为：

3.每天听一段讲座：

4.每天反省一处过失：

5.每天做一件善事：

6.每天写一段心得体会：

星期____第____天

天气：__________

传承人签名：______________

______年______月______日

1.每天朗读并抄写一段经典：

修身，则道立。尊贤，则不惑。亲亲，则诸父昆弟不怨。

请抄写：

2.每天书写并朗读感恩条：

我感恩（父母、长辈、领导、老师、农民、工人等）： 因为：

我要衷心地赞扬并感恩： 因为：

我很知足并珍惜所拥有的幸福，我感恩： 因为：

3.每天听一段讲座：

4.每天反省一处过失：

5.每天做一件善事：

6.每天写一段心得体会：

星期____第____天 传承人签名：____________

天气：__________ ______年______月______日

1.每天朗读并抄写一段经典：

敬大臣，则不眩。体群臣，则士之报礼重。子庶民，则百姓劝。来百工，则财用足。柔远人，则四方归之。怀诸侯，则天下畏之。

请抄写：

2.每天书写并朗读感恩条：

我感恩（父母、长辈、领导、老师、农民、工人等）： 因为：

我要衷心地赞扬并感恩： 因为：

我很知足并珍惜所拥有的幸福，我感恩： 因为：

3.每天听一段讲座：

4.每天反省一处过失：

5.每天做一件善事：

6.每天写一段心得体会：

星期____第____天 传承人签名：____________

天气：__________ ______年______月______日

1.每天朗读并抄写一段经典：

齐明盛服，非礼不动，所以修身也。去谗远色，贱物而贵德，所以劝贤也。尊其位，重其禄，同其好恶，所以劝亲亲也。

请抄写：

2.每天书写并朗读感恩条：

我感恩（父母、长辈、领导、老师、农民、工人等）： 因为：

我要衷心地赞扬并感恩： 因为：

我很知足并珍惜所拥有的幸福，我感恩： 因为：

3.每天听一段讲座：

4.每天反省一处过失：

5.每天做一件善事：

6.每天写一段心得体会：

星期____第____天 传承人签名：__________

天气：__________ ______年______月______日

1.每天朗读并抄写一段经典：

官盛任使，所以劝大臣也。忠信重禄，所以劝士也。时使薄敛，所以劝百姓也。

请抄写：

2.每天书写并朗读感恩条：

我感恩（父母、长辈、领导、老师、农民、工人等）：　因为：

我要衷心地赞扬并感恩：　因为：

我很知足并珍惜所拥有的幸福，我感恩：　因为：

3.每天听一段讲座：

4.每天反省一处过失：

5.每天做一件善事：

6.每天写一段心得体会：

星期____第____天　　传承人签名：____________

天气：__________　　______年______月______日

1.每天朗读并抄写一段经典：

日省月试，既廪称事，所以劝百工也。送往迎来，嘉善而矜不能，所以柔远人也。

请抄写：

2.每天书写并朗读感恩条：

我感恩（父母、长辈、领导、老师、农民、工人等）： 因为：

我要衷心地赞扬并感恩： 因为：

我很知足并珍惜所拥有的幸福，我感恩： 因为：

3.每天听一段讲座：

4.每天反省一处过失：

5.每天做一件善事：

6.每天写一段心得体会：

星期____第____天 传承人签名：____________

天气：__________ ______年______月______日

1.每天朗读并抄写一段经典：	
继绝世，举废国，治乱持危，朝聘以时，厚往而薄来，所以怀诸侯也。凡为天下国家有九经，所以行之者一也。 请抄写：	
2.每天书写并朗读感恩条：	
我感恩（父母、长辈、领导、老师、农民、工人等）：	因为：
我要衷心地赞扬并感恩：	因为：
我很知足并珍惜所拥有的幸福，我感恩：	因为：
3.每天听一段讲座：	
4.每天反省一处过失：	
5.每天做一件善事：	
6.每天写一段心得体会：	

星期____第____天　　　　传承人签名：____________

天气：__________　　　　______年______月______日

1.每天朗读并抄写一段经典：

凡事豫（预）则立，不豫（预）则废。言前定则不跲，事前定则不困，行前定则不疚，道前定则不穷。在下位不获乎上，民不可得而治矣。

请抄写：

2.每天书写并朗读感恩条：

我感恩（父母、长辈、领导、老师、农民、工人等）： 因为：

我要衷心地赞扬并感恩： 因为：

我很知足并珍惜所拥有的幸福，我感恩： 因为：

3.每天听一段讲座：

4.每天反省一处过失：

5.每天做一件善事：

6.每天写一段心得体会：

星期____第____天 传承人签名：____________

天气：__________ ______年______月______日

1.每天朗读并抄写一段经典：
获乎上有道，不信乎朋友，不获乎上矣。信乎朋友有道，不顺乎亲，不信乎朋友矣。顺乎亲有道，反诸身不诚，不顺乎亲矣。诚身有道，不明乎善，不诚乎身矣。 请抄写：______
2.每天书写并朗读感恩条：
我感恩（父母、长辈、领导、老师、农民、工人等）：　　因为：
我要衷心地赞扬并感恩：　　因为：
我很知足并珍惜所拥有的幸福，我感恩：　　因为：
3.每天听一段讲座：
4.每天反省一处过失：
5.每天做一件善事：
6.每天写一段心得体会：

星期____第____天　　　　传承人签名：______

天气：______　　　　______年______月______日

1.每天朗读并抄写一段经典：	
诚者，天之道也。诚之者，人之道也。诚者不勉而中，不思而得，从容中道，圣人也。诚之者，择善而固执之者也。博学之，审问之，慎思之，明辨之，笃行之。 请抄写：	
2.每天书写并朗读感恩条：	
我感恩（父母、长辈、领导、老师、农民、工人等）：	因为：
我要衷心地赞扬并感恩：	因为：
我很知足并珍惜所拥有的幸福，我感恩：	因为：
3.每天听一段讲座：	
4.每天反省一处过失：	
5.每天做一件善事：	
6.每天写一段心得体会：	

星期____第____天　　　　传承人签名：________

天气：________　　　　______年______月______日

1.每天朗读并抄写一段经典：

有弗学，学之弗能，弗措也。有弗问，问之弗知，弗措也。有弗思，思之弗得，弗措也。有弗辨，辨之弗明，弗措也。有弗行，行之弗笃，弗措也。

请抄写：

2.每天书写并朗读感恩条：

我感恩（父母、长辈、领导、老师、农民、工人等）： 因为：

我要衷心地赞扬并感恩： 因为：

我很知足并珍惜所拥有的幸福，我感恩： 因为：

3.每天听一段讲座：

4.每天反省一处过失：

5.每天做一件善事：

6.每天写一段心得体会：

星期____第____天 传承人签名：____________

天气：__________ ______年______月______日

1.每天朗读并抄写一段经典：

人一能之，己百之。人十能之，己千之。果能此道矣，虽愚必明，虽柔必强。

请抄写：

2.每天书写并朗读感恩条：

我感恩（父母、长辈、领导、老师、农民、工人等）： 因为：

我要衷心地赞扬并感恩： 因为：

我很知足并珍惜所拥有的幸福，我感恩： 因为：

3.每天听一段讲座：

4.每天反省一处过失：

5.每天做一件善事：

6.每天写一段心得体会：

星期____第____天

天气：__________

传承人签名：____________

______年______月______日

1.每天朗读并抄写一段经典：

自诚明，谓之性；自明诚，谓之教。诚则明矣，明则诚矣。

请抄写：

2.每天书写并朗读感恩条：

我感恩（父母、长辈、领导、老师、农民、工人等）： 因为：

我要衷心地赞扬并感恩： 因为：

我很知足并珍惜所拥有的幸福，我感恩： 因为：

3.每天听一段讲座：

4.每天反省一处过失：

5.每天做一件善事：

6.每天写一段心得体会：

星期____第____天 传承人签名：________

天气：________ ______年______月______日

1.每天朗读并抄写一段经典：

唯天下至诚，为才能尽其性。能尽其性，则能尽人之性。能尽人之性，则能尽物之性。能尽物之性，则可以赞天地之化育。可以赞天地之化育，则可以与天地参矣。

请抄写：

2.每天书写并朗读感恩条：

我感恩（父母、长辈、领导、老师、农民、工人等）： 因为：

我要衷心地赞扬并感恩： 因为：

我很知足并珍惜所拥有的幸福，我感恩： 因为：

3.每天听一段讲座：

4.每天反省一处过失：

5.每天做一件善事：

6.每天写一段心得体会：

星期____第____天 传承人签名：____________

天气：__________ ______年______月______日

1.每天朗读并抄写一段经典：	
其次致曲，曲能有诚。诚则形，形则著，著则明，明则动，动则变，变则化。唯天下至诚为能化。 请抄写：________________	
2.每天书写并朗读感恩条：	
我感恩（父母、长辈、领导、老师、农民、工人等）：	因为：
我要衷心地赞扬并感恩：	因为：
我很知足并珍惜所拥有的幸福，我感恩：	因为：
3.每天听一段讲座：	
4.每天反省一处过失：	
5.每天做一件善事：	
6.每天写一段心得体会：	

星期____第____天　　　　传承人签名：__________

天气：__________　　　　______年______月______日

1.每天朗读并抄写一段经典：

至诚之道可以前知。国家将兴，必有祯祥；国家将亡，必有妖孽。见乎蓍龟，动乎四体。祸福将至，善必先知之；不善必先知之。故至诚如神。

请抄写：

2.每天书写并朗读感恩条：

我感恩（父母、长辈、领导、老师、农民、工人等）： 因为：

我要衷心地赞扬并感恩： 因为：

我很知足并珍惜所拥有的幸福，我感恩： 因为：

3.每天听一段讲座：

4.每天反省一处过失：

5.每天做一件善事：

6.每天写一段心得体会：

星期____第____天 传承人签名：____________

天气：__________ ______年______月______日

1.每天朗读并抄写一段经典：
诚者自成也，而道自道也。诚者，物之终始，不诚无物。是故君子诚之为贵。诚者，非自成己而已也。所以成物也。 请抄写：
2.每天书写并朗读感恩条：
我感恩（父母、长辈、领导、老师、农民、工人等）：　　　　因为：
我要衷心地赞扬并感恩：　　　　因为：
我很知足并珍惜所拥有的幸福，我感恩：　　　　因为：
3.每天听一段讲座：
4.每天反省一处过失：
5.每天做一件善事：
6.每天写一段心得体会：

星期____第____天　　　　传承人签名：__________

天气：________　　　　______年______月______日

1.每天朗读并抄写一段经典：

成己，仁也；成物，知也。性之德也，合外内之道也，故时措之宜也。

请抄写：

2.每天书写并朗读感恩条：

我感恩（父母、长辈、领导、老师、农民、工人等）： 因为：

我要衷心地赞扬并感恩： 因为：

我很知足并珍惜所拥有的幸福，我感恩： 因为：

3.每天听一段讲座：

4.每天反省一处过失：

5.每天做一件善事：

6.每天写一段心得体会：

星期____第____天 传承人签名：__________

天气：__________ ______年______月______日

1.每天朗读并抄写一段经典：

故至诚无息。不息则久，久则征，征则悠远，悠远则博厚，博厚则高明。

请抄写：

2.每天书写并朗读感恩条：

我感恩（父母、长辈、领导、老师、农民、工人等）： 因为：

我要衷心地赞扬并感恩： 因为：

我很知足并珍惜所拥有的幸福，我感恩： 因为：

3.每天听一段讲座：

4.每天反省一处过失：

5.每天做一件善事：

6.每天写一段心得体会：

星期____第____天 传承人签名：____________

天气：__________ ______年______月______日

1.每天朗读并抄写一段经典：
博厚，所以载物也；高明，所以覆物也；悠久，所以成物也。博厚配地，高明配天，悠久无疆。如此者，不见而章，不动而变，无为而成。 请抄写：
2.每天书写并朗读感恩条：
我感恩（父母、长辈、领导、老师、农民、工人等）：　　　　因为：
我要衷心地赞扬并感恩：　　　　因为：
我很知足并珍惜所拥有的幸福，我感恩：　　　　因为：
3.每天听一段讲座：
4.每天反省一处过失：
5.每天做一件善事：
6.每天写一段心得体会：

星期____第____天　　　　传承人签名：____________

天气：__________　　　　______年______月______日

1.每天朗读并抄写一段经典：
天地之道，可一言而尽也。其为物不二，则其生物不测。天地之道，博也，厚也，高也，明也，悠也，久也。
请抄写：________________________
2.每天书写并朗读感恩条：
我感恩（父母、长辈、领导、老师、农民、工人等）：　　　　因为：
我要衷心地赞扬并感恩：　　　　因为：
我很知足并珍惜所拥有的幸福，我感恩：　　　　因为：
3.每天听一段讲座：
4.每天反省一处过失：
5.每天做一件善事：
6.每天写一段心得体会：

星期____第____天　　　　传承人签名：__________

天气：________　　　　______年______月______日

1.每天朗读并抄写一段经典：

今夫天，斯昭昭之多，及其无穷也，日月星辰系焉，万物覆焉。今夫地，一撮土之多，及其广厚，载华岳而不重，振河海而不泄，万物载焉。

请抄写：

2.每天书写并朗读感恩条：

我感恩（父母、长辈、领导、老师、农民、工人等）： 因为：

我要衷心地赞扬并感恩： 因为：

我很知足并珍惜所拥有的幸福，我感恩： 因为：

3.每天听一段讲座：

4.每天反省一处过失：

5.每天做一件善事：

6.每天写一段心得体会：

星期____第____天 传承人签名：__________

天气：________ ______年______月______日

1.每天朗读并抄写一段经典：

今夫山，一卷石之多，及其广大，草木生之，禽兽居之，宝藏兴焉。今夫水，一勺之多，及其不测，鼋、鼍、蛟、龙、鱼、鳖生焉，货财殖焉。

请抄写：

2.每天书写并朗读感恩条：

我感恩（父母、长辈、领导、老师、农民、工人等）： 因为：

我要衷心地赞扬并感恩： 因为：

我很知足并珍惜所拥有的幸福，我感恩： 因为：

3.每天听一段讲座：

4.每天反省一处过失：

5.每天做一件善事：

6.每天写一段心得体会：

星期____第____天 传承人签名：____________

天气：__________ ______年______月______日

1.每天朗读并抄写一段经典：

《诗》曰："维天之命，于穆不已。"盖曰："天之所以为天也，于乎不显，文王之德之纯。"盖曰："文王之所以为文也，纯亦不已。"

请抄写：

2.每天书写并朗读感恩条：

我感恩（父母、长辈、领导、老师、农民、工人等）： 因为：

我要衷心地赞扬并感恩： 因为：

我很知足并珍惜所拥有的幸福，我感恩： 因为：

3.每天听一段讲座：

4.每天反省一处过失：

5.每天做一件善事：

6.每天写一段心得体会：

星期____第____天 传承人签名：____________

天气：__________ ______年______月______日

1.每天朗读并抄写一段经典：

大哉，圣人之道！洋洋乎，发育万物，峻极于天。优优大哉，礼仪三百，威仪三千。待其人而后行。

请抄写：

2.每天书写并朗读感恩条：

我感恩（父母、长辈、领导、老师、农民、工人等）： 因为：

我要衷心地赞扬并感恩： 因为：

我很知足并珍惜所拥有的幸福，我感恩： 因为：

3.每天听一段讲座：

4.每天反省一处过失：

5.每天做一件善事：

6.每天写一段心得体会：

星期____第____天 传承人签名：________

天气：________ ______年______月______日

1.每天朗读并抄写一段经典：

故曰："苟不至德，至道不凝焉。"故君子尊德性而道问学，致广大而尽精微，极高明而道中庸。温故而知新，敦厚以崇礼。

请抄写：

2.每天书写并朗读感恩条：

我感恩（父母、长辈、领导、老师、农民、工人等）： 因为：

我要衷心地赞扬并感恩： 因为：

我很知足并珍惜所拥有的幸福，我感恩： 因为：

3.每天听一段讲座：

4.每天反省一处过失：

5.每天做一件善事：

6.每天写一段心得体会：

星期____第____天 传承人签名：____________

天气：__________ ______年______月______日

1.每天朗读并抄写一段经典：

是故居上不骄，为下不倍。国有道，其言足以兴。国无道，其默足以容。《诗》曰："既明且哲，以保其身。"其此之谓与。

请抄写：

2.每天书写并朗读感恩条：

我感恩（父母、长辈、领导、老师、农民、工人等）： 因为：

我要衷心地赞扬并感恩： 因为：

我很知足并珍惜所拥有的幸福，我感恩： 因为：

3.每天听一段讲座：

4.每天反省一处过失：

5.每天做一件善事：

6.每天写一段心得体会：

星期____第____天 传承人签名：____________

天气：__________ ______年______月______日

1.每天朗读并抄写一段经典：

子曰："愚而好自用，贱而好自专。生乎今之世，反古之道。如此者，灾及其身者也。"

请抄写：

2.每天书写并朗读感恩条：

我感恩（父母、长辈、领导、老师、农民、工人等）： 因为：

我要衷心地赞扬并感恩： 因为：

我很知足并珍惜所拥有的幸福，我感恩： 因为：

3.每天听一段讲座：

4.每天反省一处过失：

5.每天做一件善事：

6.每天写一段心得体会：

星期____第____天 传承人签名：__________

天气：________ ______年______月______日

1.每天朗读并抄写一段经典：
非天子，不议礼，不制度，不考文。今天下，车同轨，书同文，行同伦。虽有其位，苟无其德，不敢作礼乐焉。虽有其德，苟无其位，亦不敢作礼乐焉。 请抄写：
2.每天书写并朗读感恩条：
我感恩（父母、长辈、领导、老师、农民、工人等）：　　　　因为：
我要衷心地赞扬并感恩：　　　　因为：
我很知足并珍惜所拥有的幸福，我感恩：　　　　因为：
3.每天听一段讲座：
4.每天反省一处过失：
5.每天做一件善事：
6.每天写一段心得体会：

星期____第____天　　　　传承人签名：____________

天气：__________　　　　______年______月______日

1.每天朗读并抄写一段经典：

子曰："吾说夏礼，杞不足征也；吾学殷礼，有宋存焉；吾学周礼，今用之，吾从周。"

请抄写：

2.每天书写并朗读感恩条：

我感恩（父母、长辈、领导、老师、农民、工人等）： 因为：

我要衷心地赞扬并感恩： 因为：

我很知足并珍惜所拥有的幸福，我感恩： 因为：

3.每天听一段讲座：

4.每天反省一处过失：

5.每天做一件善事：

6.每天写一段心得体会：

星期____第____天 传承人签名：____________

天气：__________ ______年______月______日

1.每天朗读并抄写一段经典：	
王天下有三重焉，其寡过矣乎！上焉者，虽善无征，无征不信，不信民弗从；下焉者，虽善不尊，不尊不信，不信民弗从。 请抄写：	
2.每天书写并朗读感恩条：	
我感恩（父母、长辈、领导、老师、农民、工人等）：	因为：
我要衷心地赞扬并感恩：	因为：
我很知足并珍惜所拥有的幸福，我感恩：	因为：
3.每天听一段讲座：	
4.每天反省一处过失：	
5.每天做一件善事：	
6.每天写一段心得体会：	

星期____第____天　　　　传承人签名：________

天气：________　　　　____年____月____日

1.每天朗读并抄写一段经典：

故君子之道，本诸身，征诸庶民，考诸三王而不缪，建诸天地而不悖，质诸鬼神而无疑，百世以俟圣人而不惑。

请抄写：

2.每天书写并朗读感恩条：

我感恩（父母、长辈、领导、老师、农民、工人等）： 因为：

我要衷心地赞扬并感恩： 因为：

我很知足并珍惜所拥有的幸福，我感恩： 因为：

3.每天听一段讲座：

4.每天反省一处过失：

5.每天做一件善事：

6.每天写一段心得体会：

星期____第____天 传承人签名：____________

天气：__________ ______年______月______日

1.每天朗读并抄写一段经典：
质诸鬼神而无疑，知天也。百世以俟圣人而不惑，知人也。是故君子动而世为天下道，行而世为天下法，言而世为天下则。远之则有望，近之则不厌。 请抄写：
2.每天书写并朗读感恩条：
我感恩（父母、长辈、领导、老师、农民、工人等）：　　　因为：
我要衷心地赞扬并感恩：　　　因为：
我很知足并珍惜所拥有的幸福，我感恩：　　　因为：
3.每天听一段讲座：
4.每天反省一处过失：
5.每天做一件善事：
6.每天写一段心得体会：

星期____第____天　　　　传承人签名：__________

天气：__________　　　　______年______月______日

1.每天朗读并抄写一段经典：
《诗》曰："在彼无恶，在此无射。庶几夙夜，以永终誉。"君子未有不如此，而蚤有誉于天下者。 请抄写：
2.每天书写并朗读感恩条：
我感恩（父母、长辈、领导、老师、农民、工人等）：　　　　因为：
我要衷心地赞扬并感恩：　　　　因为：
我很知足并珍惜所拥有的幸福，我感恩：　　　　因为：
3.每天听一段讲座：
4.每天反省一处过失：
5.每天做一件善事：
6.每天写一段心得体会：

星期____第____天　　　　传承人签名：__________

天气：________　　　　______年______月______日

1.每天朗读并抄写一段经典：

仲尼祖述尧舜，宪章文武，上律天时，下袭水土。辟（譬）如天地之无不持载，无不覆帱。辟（譬）如四时之错行，如日月之代明。

请抄写：

2.每天书写并朗读感恩条：

我感恩（父母、长辈、领导、老师、农民、工人等）： 因为：

我要衷心地赞扬并感恩： 因为：

我很知足并珍惜所拥有的幸福，我感恩： 因为：

3.每天听一段讲座：

4.每天反省一处过失：

5.每天做一件善事：

6.每天写一段心得体会：

星期____第____天 传承人签名：____________

天气：__________ ______年______月______日

1.每天朗读并抄写一段经典：

万物并育而不相害，道并行而不相悖。小德川流，大德敦化。此天地之所以为大也。

请抄写：

2.每天书写并朗读感恩条：

我感恩（父母、长辈、领导、老师、农民、工人等）： 因为：

我要衷心地赞扬并感恩： 因为：

我很知足并珍惜所拥有的幸福，我感恩： 因为：

3.每天听一段讲座：

4.每天反省一处过失：

5.每天做一件善事：

6.每天写一段心得体会：

星期____第____天 传承人签名：____________

天气：__________ ______年______月______日

1.每天朗读并抄写一段经典：
唯天下至圣，为能聪、明、睿、知，足以有临也；宽、裕、温、柔，足以有容也；发、强、刚、毅，足以有执也；齐、庄、中、正，足以有敬也；文、理、密、察，足以有别也。溥博渊泉，而时出之。 请抄写：
2.每天书写并朗读感恩条：
我感恩（父母、长辈、领导、老师、农民、工人等）：　　因为：
我要衷心地赞扬并感恩：　　因为：
我很知足并珍惜所拥有的幸福，我感恩：　　因为：
3.每天听一段讲座：
4.每天反省一处过失：
5.每天做一件善事：
6.每天写一段心得体会：

星期____第____天　　　　传承人签名：____________

天气：__________　　　　______年______月______日

1.每天朗读并抄写一段经典：

溥博如天，渊泉如渊。见而民莫不敬，言而民莫不信，行而民莫不说。是以声名洋溢乎中国，施及蛮貊。

请抄写：

2.每天书写并朗读感恩条：

我感恩（父母、长辈、领导、老师、农民、工人等）： 因为：

我要衷心地赞扬并感恩： 因为：

我很知足并珍惜所拥有的幸福，我感恩： 因为：

3.每天听一段讲座：

4.每天反省一处过失：

5.每天做一件善事：

6.每天写一段心得体会：

星期____第____天 传承人签名：__________

天气：________ ______年______月______日

1.每天朗读并抄写一段经典：

舟车所至，人力所通，天之所覆，地之所载，日月所照，霜露所队（坠），凡有血气者，莫不尊亲，故曰配天。

请抄写：

2.每天书写并朗读感恩条：

我感恩（父母、长辈、领导、老师、农民、工人等）： 因为：

我要衷心地赞扬并感恩： 因为：

我很知足并珍惜所拥有的幸福，我感恩： 因为：

3.每天听一段讲座：

4.每天反省一处过失：

5.每天做一件善事：

6.每天写一段心得体会：

星期____第____天 传承人签名：__________

天气：__________ ______年______月______日

1.每天朗读并抄写一段经典：	
唯天下至诚，为能经纶天下之大经，立天下之大本，知天地之化育。 请抄写：	
2.每天书写并朗读感恩条：	
我感恩（父母、长辈、领导、老师、农民、工人等）：	因为：
我要衷心地赞扬并感恩：	因为：
我很知足并珍惜所拥有的幸福，我感恩：	因为：
3.每天听一段讲座：	
4.每天反省一处过失：	
5.每天做一件善事：	
6.每天写一段心得体会：	

星期____第____天　　　　传承人签名：____________

天气：________　　　　______年______月______日

1.每天朗读并抄写一段经典：

夫焉有所倚？肫肫其仁，渊渊其渊，浩浩其天。苟不固聪明圣知达天德者，其孰能知之？

请抄写：

2.每天书写并朗读感恩条：

我感恩（父母、长辈、领导、老师、农民、工人等）： 因为：

我要衷心地赞扬并感恩： 因为：

我很知足并珍惜所拥有的幸福，我感恩： 因为：

3.每天听一段讲座：

4.每天反省一处过失：

5.每天做一件善事：

6.每天写一段心得体会：

星期____第____天 传承人签名：____________

天气：__________ ______年______月______日

1.每天朗读并抄写一段经典：

《诗》曰："衣锦尚絅。"恶其文之著也。故君子之道，暗然而日章；小人之道，的然而日亡。

请抄写：

2.每天书写并朗读感恩条：

我感恩（父母、长辈、领导、老师、农民、工人等）： 因为：

我要衷心地赞扬并感恩： 因为：

我很知足并珍惜所拥有的幸福，我感恩： 因为：

3.每天听一段讲座：

4.每天反省一处过失：

5.每天做一件善事：

6.每天写一段心得体会：

星期____第____天 传承人签名：____________

天气：________ ______年______月______日

1.每天朗读并抄写一段经典：

君子之道，淡而不厌，简而文，温而理，知远之近，知风之自，知微之显，可与入德矣。

请抄写：

2.每天书写并朗读感恩条：

我感恩（父母、长辈、领导、老师、农民、工人等）： 因为：

我要衷心地赞扬并感恩： 因为：

我很知足并珍惜所拥有的幸福，我感恩： 因为：

3.每天听一段讲座：

4.每天反省一处过失：

5.每天做一件善事：

6.每天写一段心得体会：

星期____第____天

天气：__________

传承人签名：____________

______年______月______日

1.每天朗读并抄写一段经典：	
《诗》云："潜虽伏矣，亦孔之昭。"故君子内省不疚，无恶于志。君子之所不可及者，其唯人之所不见乎。	
请抄写：________	
2.每天书写并朗读感恩条：	
我感恩（父母、长辈、领导、老师、农民、工人等）：	因为：
我要衷心地赞扬并感恩：	因为：
我很知足并珍惜所拥有的幸福，我感恩：	因为：
3.每天听一段讲座：	
4.每天反省一处过失：	
5.每天做一件善事：	
6.每天写一段心得体会：	

星期____第____天　　　　传承人签名：________

天气：________　　　　____年____月____日

1.每天朗读并抄写一段经典：	
《诗》云："相在尔室，尚不愧于屋漏。"故君子不动而敬，不言而信。	
请抄写：	
2.每天书写并朗读感恩条：	
我感恩（父母、长辈、领导、老师、农民、工人等）：	因为：
我要衷心地赞扬并感恩：	因为：
我很知足并珍惜所拥有的幸福，我感恩：	因为：
3.每天听一段讲座：	
4.每天反省一处过失：	
5.每天做一件善事：	
6.每天写一段心得体会：	

星期____第____天　　　　传承人签名：____________

天气：__________　　　　______年______月______日

1.每天朗读并抄写一段经典：

《诗》曰："奏假无言，时靡有争。"是故君子不赏而民劝，不怒而民威于鈇钺。

请抄写：

2.每天书写并朗读感恩条：

我感恩（父母、长辈、领导、老师、农民、工人等）： 因为：

我要衷心地赞扬并感恩： 因为：

我很知足并珍惜所拥有的幸福，我感恩： 因为：

3.每天听一段讲座：

4.每天反省一处过失：

5.每天做一件善事：

6.每天写一段心得体会：

星期____第____天 传承人签名：____________

天气：__________ ______年______月______日

1.每天朗读并抄写一段经典：
《诗》曰："不显惟德，百辟其刑之。"是故君子笃恭而天下平。 请抄写：
2.每天书写并朗读感恩条：
我感恩（父母、长辈、领导、老师、农民、工人等）：　　　因为：
我要衷心地赞扬并感恩：　　　因为：
我很知足并珍惜所拥有的幸福，我感恩：　　　因为：
3.每天听一段讲座：
4.每天反省一处过失：
5.每天做一件善事：
6.每天写一段心得体会：

星期____第____天　　　　传承人签名：____________

天气：__________　　　　______年______月______日

1.每天朗读并抄写一段经典：

《诗》云："予怀明德，不大声以色。"子曰："声色之于以化民，末也。"

请抄写：

2.每天书写并朗读感恩条：

我感恩（父母、长辈、领导、老师、农民、工人等）： 因为：

我要衷心地赞扬并感恩： 因为：

我很知足并珍惜所拥有的幸福，我感恩： 因为：

3.每天听一段讲座：

4.每天反省一处过失：

5.每天做一件善事：

6.每天写一段心得体会：

星期____第____天

天气：________

传承人签名：____________

______年______月______日

1.每天朗读并抄写一段经典：

《诗》曰："德輶如毛。毛犹有伦。上天之载，无声无臭。至矣。"

请抄写：________________

2.每天书写并朗读感恩条：

我感恩（父母、长辈、领导、老师、农民、工人等）： 因为：

我要衷心地赞扬并感恩： 因为：

我很知足并珍惜所拥有的幸福，我感恩： 因为：

3.每天听一段讲座：

4.每天反省一处过失：

5.每天做一件善事：

6.每天写一段心得体会：

星期____第____天 传承人签名：____________

天气：________ ______年______月______日

后　记

众所周知，中国传统文化源远流长，博大精深，饱含着华夏先哲们的无穷智慧，弘扬中华文化是我们一代又一代中华儿女的共同责任。

为了继承和发扬中华优秀传统文化，培养学生的高尚品德，引导学生树立正确的人生观、价值观、道德观，编者与传承美德编写组精心编写了《传承美德》一书。该书提倡传承美德活动“六个一”，即每天写一段感恩条、每天朗读（写）一段经典、每天听一段讲座、每天反省一处过失、每天做一件善事、每天写一段心得体会，希望借此让学生养成持之以恒的好习惯，并于每天都有一定的感悟和提高。

本书还收录了《弟子规》《朱子治家格言》《诫子书》《大学》《中庸》五篇经典。经典是民族精神的源头、人类文化的瑰宝，传承记载着民族基因中的最高智慧，是先民对后世子孙的谆谆教诲，所承载的是圣贤的思想光辉，日日诵读经典，有助于学生思想品德的培养。此外，学生时期正是一生当中学习能力最强且记忆力最好的阶段，多读经典必将受益终身，且越是随着年龄的增长，将越会对其中的语句有更深入的理解和认识。

编　者

2022年10月